JN066451

は じ め に

　本テキストでは，権利関係，法令上の制限，宅建業法の主要
3分野を除く次の科目について解説している。
1．宅地・建物についての税に関する法令(宅地・建物の税)
- 国　税(所得税，相続税，贈与税，登録免許税，印紙税)
- 地方税（不動産取得税，固定資産税）
2．宅地・建物の価格の評定
- 地価公示法，不動産鑑定評価基準
3．宅地・建物の需給に関する法令と実務（宅地・建物の需
給と取引の実務）
- 独立行政法人 住宅金融支援機構
- 不当景品類及び不当表示防止法（不動産の表示に関する
公正競争規約)

分　野	法令等		過去5年間の出題内容と出題数						
			R1	R2 10月	R2 12月	R3 10月	R3 12月	R4	R5
宅地・建物の税	国　税	(譲渡)所得税	○			○			
		贈与税							
		登録免許税			○		○		
		印紙税		○				○	○
	地方税	不動産取得税		○		○			○
		固定資産税	○		○		○	○	
宅地・建物の価格の評定	地価公示法		○						
	鑑定評価			○		○			○
宅地・建物の需給と取引の実務	住宅金融支援機構		○	○	○	○	○	○	○
	景表法(公正競争規約)		○	○	○	○	○	○	○
	統　計		○	○	○	○	○	○	○
土地・建物の基礎知識	土　地		○	○	○	○	○	○	○
	建　物		○	○	○	○	○	○	○
合　計			8	8	8	8	8	8	8

- 不動産に関する統計

4．土地の形質・地積・地目・種別，建物の形質・構造・種別（土地・建物の基礎知識）
- 土地（土地の形質・安全性）
- 建物（建築物の構造・材料）

　出題内容を分析すると，前頁のとおりである。各分野とも出題数は1〜3問と少ないものの，地価公示法や住宅金融支援機構などのように出題される項目がある程度限定されており，確実に正解を稼げるものもあるので，過去問などで出題傾向を把握したうえで効率的な学習を心がけたい。

　本書は令和6年4月1日現在の法令に基づいて解説されています。公布された改正法令は，改正規定の施行期日のいかんにかかわりなく，すべて本文中に織り込むことを原則としました。解説中，「法」は法律，「令」は政令（施行令），「則」は省令（施行規則）の略称です。なお，特に断りのない限り法律名の付されていない条文は，各分野の法律の条文です。

　本文解説中，重要な部分や，試験によく出るキーワードは，太字（ゴシック体）や色で示してありますので，確実に覚えておくようにしましょう。また，本文右側余白の構成は，次のようになっています。

POINT　　　　　　本文解説のポイントや補足説明をまとめてあります。

☐Challenge　　　本文解説に関連のある過去の本試験問題の選択肢を，例題として収録してあります。例題の正誤はそのページの右下にありますので，確認してください。

↩R2・R4　　　　過去5年間の出題年度をあらわしています（令和2年度・3年度は10月試験と12月試験の2回分）。

②
宅地および建物の価格の評定

1　地価公示法

土地の立入り／その他の規定

2　不動産鑑定評価基準

③

宅地および建物の需給に関する法令と
取引の実務

1　住宅金融支援機構

④
土地・建物の基礎知識

1 土　　地

2　建　　物

税／価格の評定／需給と実務／土地・建物

第1編 ━━━━━━━━━━━━━━━

宅地および建物に関する税

第2編 ━━━━━━━━━━━━━━━

宅地および建物の価格の評定

第3編 ━━━━━━━━━━━━━━━

宅地および建物の需給に
　関する法令と取引の実務

第4編 ━━━━━━━━━━━━━━━

　　土地・建物の基礎知識

第 **1** 編

宅地および建物に関する税

🏛 **傾向と対策**

● この分野では，「宅地および建物についての税に関する法令に関すること」
が出題範囲とされている。

● 関連する法律は，所得税法，相続税法，登録免許税法，印紙税法，租税特別
措置法，地方税法が中心である。

● 出題数は50問中2問で，国税では，所得税，登録免許税，印紙税から多く出
題されている。また，租税特別措置法による特例措置の中からも出題されて
いる。地方税では，不動産取得税，固定資産税のいずれかから出題される。

● 本編は原則として，令和6年4月1日現在の税法に準拠して編集されている。

1 国　　　税

1 所得税のあらまし

　所得税は，個人に対してその年の1月1日から12月31日までの期間に生じたすべての所得（非課税所得は除く）を総合して，税額算定の基礎としている。

　なお，宅地・建物等の譲渡所得については，租税特別措置法により他の所得と分離して課税している。

❶納税義務者

　所得税の納税義務者には，個人と法人とがあり，個人についてはさらに居住者と非居住者とに区分されている。

①　居　住　者……国内に住所を有し，または現在まで引き続いて1年以上居所を有する個人は，すべての所得に対して，所得税が課税される。ただし，居住者のうち，国内に永住する意思がなく（たとえば，日本の国籍がなく，かつ永住の許可を受けていない場合などをいう），現在までに引き続いて5年以下の期間，国内に住所または居所を有する個人（非永住者という）には，特定の所得について課税される。

②　非居住者……居住者以外の個人をいい，国内において生じた所得（たとえば，国内にある不動産の貸付け収入）について，所得税が課税される。

③　法　　　人……所得税法上，例外的に，法人も所得税の納税義務者となる場合がある。たとえば，利子所得，配当所得などについて所得税が課税される。

❷課税標準

　課税標準とは，税金の課される目的となるもの，すなわち課税物件を具体的に価格（金額）で示したものをいう。たとえば，

POINT
原則として個人であるが，法人に対しては，源泉徴収の対象となる利子所得などについて納税の義務を課している

ある者が銀行に預金をしていたとすると利子がもらえるが，この利子は，所得税の課税物件である。つまり，課税標準は，税額計算の基礎となる尺度であって，これに税率を適用すると納付すべき税額が算定される。

所得税の課税標準とは，総所得金額，退職所得金額および山林所得金額をいう（所得税法22条1項）。

総所得金額とは，次の①の金額と②の金額との合計額をいう（同条2項）。

① 利子所得の金額，配当所得の金額，不動産所得の金額，事業所得の金額，給与所得の金額，総合課税の短期譲渡所得の金額および雑所得の金額の合計額

② 総合課税の長期譲渡所得の金額および一時所得の金額の合計額の2分の1相当額

❸所得金額の計算

● 各種所得の金額の計算

所得金額は，その年中の収入金額からその収入を得るために必要な諸経費を控除して計算する。ただし，利子所得には必要経費は認められず，収入金額がそのまま所得金額となる。

また，所得税法は，居住者各個人の1暦年間に課税されるべき所得を，次の**10種類の所得（各種所得）**に分類し，その分類された所得ごとに所得の金額を計算する。

① **利子所得**……公社債および預貯金の利子ならびに合同運用信託および公社債投資信託の収益の分配による所得

② **配当所得**……法人から受ける利益の配当（利息の配当および中間配当を含む），剰余金の分配，基金利息，投資信託および特定目的信託の収益の分配による所得ならびにみなし配当所得

③ **不動産所得**……不動産，不動産の上に存する権利，船舶または航空機の貸付などによる所得

④ **事業所得**……農業，漁業，製造業，卸売業，小売業，サー

ビス業などの事業から生ずる所得

⑤　**給与所得**……俸給，給料，賃金，歳費および賞与ならびにこれらの性質を有する給与による所得

⑥　**譲渡所得**……資産の譲渡による所得

a　短期譲渡所得……資産の取得の日以後5年以内にされた譲渡による所得

b　長期譲渡所得……上記以外の所得

⑦　**一時所得**……利子，配当，不動産，事業，給料，譲渡，山林，退職の各所得以外の所得のうち，営利を目的とする継続的行為から生じた所得以外の一時の所得で，労務その他の役務または資産の譲渡の対価としての性質を有しないもの

⑧　**雑所得**……利子，配当，不動産，事業，給与，譲渡，一時，山林，退職の各所得以外の所得

⑨　**山林所得**……山林の伐採または譲渡による所得

⑩　**退職所得**……退職手当，一時恩給その他退職により一時に受ける給与およびこれらの性質を有する給与による所得

● **所得の総合**

次に，各種所得の金額を総合する。ただし，土地や建物，借地権，株式等の譲渡による譲渡所得，山林所得，退職所得は，他の所得と総合しないで，各別に税額を計算する。

● **損益通算**

各種所得ごとに所得を計算した場合に，ある種の所得の計算上生じた損失があるときは，一定の方法で，これを他の種類の所得から控除する。これを**損益通算**という（所得税法69条）。すなわち，不動産所得，事業所得，譲渡所得，山林所得の損失に限り，他の黒字の各種所得の金額と損益を通算する。

なお，配当，一時，雑の各種所得の損失および株式等にかかる譲渡所得等の金額の計算上生じた損失の金額は，損益通算の対象とはならない。

□**Challenge**

Aの令和○年分の所得は，事業所得で200万円の赤字となったが，不動産所得で500万円の黒字となった。この場合，Aは事業所得の200万円の赤字を，損益通算により不動産所得の500万円から差し引くことができる。

（○）

●純損失および雑損失の繰越控除

損益の通算によって控除しきれなかった損失（純損失）と，雑損控除によって控除しきれなかった雑損失があるときは，一定の要件を備えている場合に限り，翌年以降3年間にわたって繰越控除を行うことができる（同法70条，71条）。

●所得控除

各種所得の金額の計算を行い，次に損益通算および純損失などの繰越控除を行った後に，総所得金額，退職所得金額，山林所得金額から，雑損控除，医療費控除，社会保険料控除，基礎控除などの所得控除を行う（同法21条1項）。

❹所得税額の計算

総所得金額，分離課税の長期譲渡所得の金額（特別控除額を差し引いた後の金額），分離課税の短期譲渡所得の金額（特別控除額を差し引いた後の金額），株式等にかかる譲渡所得等の金額，山林所得金額および退職所得金額から所得控除の金額を差し引いた金額を，それぞれ「課税総所得金額」，「課税長期譲渡所得金額」，「課税短期譲渡所得金額」，「株式等にかかる課税譲渡所得等の金額」，「課税山林所得金額」および「課税退職所得金額」という。税額の計算は，これらの金額をもととして，それぞれ計算する。

2　不動産所得

❶不動産所得の意義

不動産所得とは，不動産，不動産の上に存する権利，船舶または航空機（不動産等という）の貸付による所得をいう（所得税法26条）。不動産の貸付には，土地建物の賃貸借や地上権の設定はもちろん，他人に不動産または不動産上の権利等を使用させるいっさいの場合が含まれる。

また，借地権，地役権等の存続期間の更新の対価として支払

POINT
災害等により，生活に通常必要でない資産（別荘等）について受けた損失額は，損失を受けた日の属する年分またはその翌年分の譲渡所得の金額の計算上控除することができる（62条）

いを受けるいわゆる**更新料**および借地権者の変更に伴い支払い
を受けるいわゆる**名義書替料**は，その実質が契約の更改にかか
るものであり，かつ，資産の譲渡とみなされる行為であるもの
を除き，不動産所得となる。

□Challenge
不動産の貸付を事業として行っている場合でも，その事業から生じる所得は，事業所得でなく不動産所得となる。

❷不動産所得の金額の計算

　不動産所得の金額は，その年中の不動産所得にかかる総収入
金額から必要経費を控除した金額である（同法26条2項）。

　総収入金額は，別段の定めがある場合を除き，その年中に収
入すべき金額である。さらに，金銭以外の物または権利その他
経済的な利益をもって収入する場合には，その金銭以外の物ま
たは権利その他経済的な利益の価額をもって，収入金額とする
（同法36条1項）。

●必要経費の計算

　不動産所得の金額の計算上**必要経費に算入される金額**は，別
段の定めがある場合を除き，不動産所得の総収入金額を得るた
めに直接要した費用の額およびその年における広告宣伝費，一
般管理費その他不動産所得を生ずべき業務について生じた費用
である。ただし，償却費以外の費用については，その年におい
て債務の確定したものに限られる（同法37条1項）。したがっ
て，必要経費として控除されるものは，賃貸された土地または
建物等の修繕費（その資産の価値を著しく増加させるようない
わゆる資本的支出は除く），火災保険料，減価償却費，固定資
産税，使用人の給料，負債の利子その他の経費で総収入金額を
得るために必要なものに限られる。

❸損益通算の特例

　個人の**平成4年分以後**の各年分の不動産所得の金額の計算上
生じた損失の金額がある場合において，その年分の不動産所得
の金額の計算上必要経費に算入した金額のうちに，**不動産所得
を生ずべき業務**の用に供する土地または土地の上に存する権利
（土地等）を取得するために要した**負債の利子**があるときは，そ

（○）

の損失の金額のうちその**負債の利子の額**に相当する部分の金額は，**損益通算の対象とならない**（租税特別措置法41条の４）。

この制度により，損益通算の対象とならないこととなる金額は，**損失の金額が負債の利子の額**を超えるかどうかに応じ，次の金額とされている（同法施行令26条の６第１項）。

① その年分の不動産所得の金額の計算上必要経費に算入した土地等を取得するために要した**負債の利子の額**（たとえば600万円）が，その不動産所得の金額の計算上生じた**損失の金額（たとえば500万円）を超える場合**……その損失の金額（すなわち，損失の金額500万円は他の所得から控除することができない）

② その年分の不動産所得の金額の計算上必要経費に算入した土地等を取得するために要した**負債の利子の額**（たとえば300万円）が，その不動産所得の金額の計算上生じた**損失の金額（たとえば500万円）以下である場合**……その損失の金額のうち，その負債の利子の額に相当する金額（すなわち，負債の利子の額に相当する300万円は他の所得から控除することができない）

POINT
不動産所得を生ずべき業務の用に供する土地等（貸家の敷地）を取得するために要した負債の利子は，損益通算の対象とならない

3 譲渡所得

❶譲渡所得の意義

譲渡所得とは，資産の譲渡による所得をいう（所得税法33条１項）。資産とは，売買の対象として経済的に価値のあるものをいい，土地，建物のほか，車輌，機械，特許権なども含まれる。

また，資産の譲渡で，その資産の取得の日以後５年以内にされたものによる所得を**短期譲渡所得**といい，それ以外の資産の譲渡による所得を**長期譲渡所得**という（同条３項）。

なお，譲渡所得の特別控除額は**50万円**で，譲渡益のうちに短

POINT
営業目的の不動産（棚卸資産）の譲渡その他営利を目的として継続的に行われる資産の譲渡等は，譲渡所得に該当せず，事業所得として課税される（27条）

期譲渡所得と長期譲渡所得がある場合には，まず，短期譲渡所得の金額から差し引くことになっている（同条4項，5項）。

❷譲渡所得が課税されない所得

次のような資産の譲渡については，譲渡所得は課税されない。

① 生活用動産（たとえば，家具，什器，衣服など）の譲渡による所得（所得税法9条1項9号）。

② 強制換価手続（滞納処分，強制執行，破産手続など）による資産の譲渡による所得（同条第1項10号）。

③ 国または地方公共団体に対して財産を贈与または遺贈したことによる所得（租税特別措置法40条1項）。

④ 相続税の物納による所得（同法40条の3）。

❸譲渡所得とみなされるもの

● 借地権等の設定の対価が譲渡所得とみなされる場合

地上権もしくは賃借権または地役権の設定によって，他人に不動産を長期間使用させる場合に取得する権利金，頭金等のように一時に確定する所得で，一定の条件に該当するものは，不動産所得とせず**譲渡所得**として取り扱われる（所得税法33条1項，同法施行令79条1項）。

すなわち，借地権（建物または構築物の所有を目的とする地上権または賃借権をいう）または地役権（特別高圧架空電線の架設等のために設定されるもので，建造物の設置を制限するものに限る）の設定（その借地権にかかる土地の転貸等を含む）により，その設定の対価として一時に支払いを受ける金額が，その**土地の価額の10分の5**を超える場合には，その一時に取得する対価は**譲渡所得**となる。

● 時価による譲渡とみなされる場合

土地，建物など譲渡所得の基因となる資産を，次に掲げる事由により移転した場合には，資産の譲渡があったものとみなして**譲渡所得**が課税される（同法59条1項）。

① 資産を法人に対して贈与および遺贈した場合，ならびに

□Challenge
建物の所有を目的とする借地権の設定の対価として，一時に支払を受ける権利金で土地の価額の2分の1を超えるものは，不動産所得にならない。

（○）

個人が限定承認にかかる相続や包括遺贈をした場合（同項
1号）……この場合には，贈与や遺贈などをした時の時価
で資産を譲渡したものとみなされる（みなし譲渡）。

> （注）遺贈とは，遺言により財産を無償で与えることをいい，
> 包括遺贈とは，財産を特定しないで，包括的に財産を全部
> または何分の1というように，割合で示した遺贈をいう。
> また，包括受遺者は，相続人と同一の権利義務を有する
> （民法990条）から，民法915条以下の規定に従うことにな
> る。次に，限定承認とは，相続によって得た財産の限度に
> おいてのみ被相続人の債務および遺贈を弁済する相続の形
> 態をいう。

②　資産を時価の2分の1よりも低い価額で法人に譲渡した
場合（所得税法59条1項2号，同法施行令169条）……こ
の場合も，譲渡した時の時価で資産を譲渡したものとみな
される（時価によるみなし譲渡）。

　また，個人に対して，資産をその譲渡の時における価額
の2分の1に満たない金額で譲渡した場合において，その
譲渡により生じた損失の金額については，譲渡所得の金額
の計算上，なかったものとみなされる（同法59条2項）。

❹譲渡所得の金額

　譲渡所得の金額は，総収入金額から資産の取得費およびその
資産の譲渡に要した費用の合計額を控除し，その残額の合計額
から譲渡所得の特別控除額（50万円）を控除して求める（同法
33条3項）。**総収入金額**とは，資産の譲渡により収入すべき金
額をいう。収入すべき金額とは，収入する権利が確定した金額
であるから，譲渡代金の一部しか受け取っていない場合でも，
譲渡代金の全部が収入金額となる。

　また，収入すべき金額が金銭以外の物や権利その他の経済的
利益である場合には，その物や権利の時価その他経済的利益の
価額の合計額が収入すべき金額となる。

POINT
個人が相続により取得した譲渡所得の基因となる資産を譲渡した場合における譲渡所得の金額の計算については，当該資産の取得時における価額に相当する金額により取得したものとして計算される（60条4項）

　取得費は，原則として，その資産の取得に要した金額，設備費および改良費の金額の合計額とされている（同法38条1項）。

　譲渡に要した費用とは，資産の譲渡にかかる次のような費用で，取得費とされる以外のものをいう。

① 　資産の譲渡に際して支出した仲介手数料，運搬費，登記費用その他の譲渡のために直接要した費用

② 　①に掲げる費用のほか，借家人等を立ち退かせるための立退料，土地を譲渡するためその土地の上にある建物等の取り壊しに要した費用，すでに売買契約を締結している資産をさらに有利な条件で他に譲渡するため，その売買契約を解除したことに伴い支出する違約金その他その資産の譲渡価額を増加させるためその譲渡に際して支出した費用

4　譲渡所得の課税の特例

❶長期譲渡所得の課税の特例

　個人が，その有する土地等または建物等で，所有期間が5年を超えるものの譲渡である場合には，**他の所得と区分し**，その譲渡益に対し15%（地方税5%）の税率で所得税が課税される（租税特別措置法31条1項）。

　なお，土地・建物等の長期譲渡所得の金額の計算上生じた損失の金額は生じなかったものとみなされる（同条1項後段）。したがって，土地・建物等の譲渡による所得以外の所得との通算および翌年以降の繰越しは認められない。

● 所有期間

　所有期間が5年を超えるかどうかの判定は，譲渡の年の1月1日で行う。たとえば，本年中の譲渡であれば，5年前の1月1日を基準として，同日より前に取得した土地・建物等であれば長期譲渡所得，同日以後に取得した土地・建物等であれば短期譲渡所得となる。

POINT
令和19年までは，復興特別所得税として各年分の基準所得税額の2.1%を所得税と併せて申告・納付することになる

なお，上記の所有期間とは，個人が譲渡した土地・建物等を取得（建設を含む）した日の翌日から引き続き所有していた期間をいう（同法施行令20条1項）。

● **税額の計算**

長期譲渡所得については，他の所得と総合しないで，その収入金額から取得費と譲渡費用の合計額を控除して計算した長期譲渡所得金額について，15％の税率で所得税が課税される（同法31条1項）。たとえば，譲渡収入金額8,000万円，譲渡資産の取得費1,000万円，譲渡費用100万円，所得控除額300万円の場合の所得税額は，次のようになる。

　　（収入金額）　　（取得費）　（譲渡費用）（所得控除額）

①　8,000万円－（1,000万円＋100万円）－300万円

　　＝6,600万円（分離課税長期譲渡所得金額）

②　6,600万円×15％＝990万円（所得税額）

● **土地・建物等の取得費**

個人が，昭和27年12月31日以前から引き続き所有していた土地等または建物等の長期譲渡所得の金額の計算上控除する**取得費**は，その譲渡による**収入金額の5％相当額**とする。この場合，実際の取得費等の額が収入金額の5％相当額を超え，かつ，超えることを証明できるときは，実際の取得費等の額を必要経費として控除することができる（同法31条の4第1項）。

なお，この取得費の特例は，昭和28年1月1日以後に取得した土地等または建物等の取得費の計算についても，収入金額の5％とすることができる取扱いになっている（措置法通達31の4－1）。

❷短期譲渡所得の課税の特例

個人が，その有する土地等または建物等で，その年の1月1日において所有期間が5年以下であるものを譲渡した場合には，他の所得と区分し，その譲渡益に対し**30％**（地方税9％）の税率で課税される。ただし，国等に対する譲渡については譲

POINT
土地・建物等の取得費は，実際の取得費または収入金額の5％相当額とする

POINT
配偶者居住権が消滅した場合に控除する取得費は，居住建物等の取得費に配偶者居住権等割合を乗じて計算した金額から配偶者居住権の設定から消滅等までの期間にかかる減価の額を控除した金額とする（所得税法60条）

渡益に対し15％（地方税５％）の税率となる（租税特別措置法32条）。

　なお，土地・建物等の短期譲渡所得の金額の計算上生じた損失の金額は，長期譲渡所得と同様に生じなかったものとみなされる（同条１項後段）。したがって，土地・建物等の譲渡による所得以外の所得との通算および翌年以降の繰越しは認められない。

❸譲渡所得の特別控除

　譲渡所得の特別控除額には，次のような特例がある。これらの特別控除額は，長期譲渡所得や短期譲渡所得に関係なく一定の順序で差し引くことができる。

① 収用対象事業のため土地等を譲渡した場合（同法33条の４）……5,000万円

② 居住用の家屋およびその敷地を譲渡した場合（同法35条）……3,000万円

③ 国，地方公共団体等が行う特定土地区画整理事業等のために土地等を譲渡した場合（同法34条）……2,000万円

④ 地方公共団体等が行う特定住宅地造成事業等のために土地等を譲渡した場合（同法34条の２）……1,500万円

⑤ 平成21年および22年に取得した国内にある土地を譲渡した場合（同法35条の２）……1,000万円の特別控除

⑥ 農地保有の合理化等のために農地等を譲渡した場合（同法34条の３）……800万円

　また，分離課税の長期・短期譲渡所得について，上記の特別控除額の適用がない場合には，長期・短期譲渡所得の金額がそのまま課税譲渡所得の金額となる。

　なお，その者に総所得金額がない場合や総所得金額から控除できなかった配偶者控除，扶養控除などの所得控除の控除不足額がある場合には，所得控除額またはその控除不足額を長期・短期譲渡所得の金額から控除した金額が課税譲渡所得の金額と

なる。

　譲渡所得の特別控除額は，同一人については**年間5,000万円**を限度とし，上記①〜⑥の順序によって控除する（同法36条，同法施行令24条）。したがって，特別控除額の合計額が**5,000万**円に達すれば打ち切りとなる。

5 優良住宅地の造成等のために土地等を譲渡した場合の軽減税率の特例

POINT
分離課税の長期譲渡
所得の税率が緩和さ
れている

❶特例の内容

　個人が，昭和62年10月1日から令和7年12月31日までの間に，その有する土地もしくは土地の上に存する権利（土地等）で，その年の1月1日において所有期間が**5年を超える**ものを譲渡した場合において，その譲渡の全部または一部が**優良住宅地等のための譲渡**に該当するときは，次により所得税額を計算する（租税特別措置法31条の2第1項）。

① 課税長期譲渡所得金額が**2,000万円以下**の場合

　課税長期譲渡所得金額×10%

② 課税長期譲渡所得金額が**2,000万円を超える**場合

　次に掲げる金額の合計額

　イ　200万円（2,000万円以下の部分に対する税額）

　ロ　（課税長期譲渡所得金額−2,000万円）×15%

　また，収用交換等により代替資産等を取得した場合の課税の特例，換地処分等に伴い資産を取得した場合の課税の特例その他の課税の繰延べ措置および収用交換等の5,000万円特別控除，特定土地区画整理事業等のための2,000万円特別控除，特定住宅地造成事業等のための1,500万円特別控除，農地保有合理化等のための800万円特別控除，居住用財産の譲渡による3,000万円特別控除の適用を受けた場合には，上記の**軽減税率の特例は適用されない**（同条4項）。

❷特例の対象となる譲渡の範囲

　この特例の対象となる「**優良住宅地等のための譲渡**」の主なものは，次のとおりである（同法31条の2第2項）。

①　国または地方公共団体に対する土地等の譲渡

②　独立行政法人都市再生機構，土地開発公社等の行う住宅建設または宅地造成の用に供するための土地等の譲渡

③　5,000万円特別控除の対象となる収用交換等による土地等の譲渡

④　都市再開発法による第一種市街地再開発事業の施行者に対する土地等の譲渡

6　居住用財産を譲渡した場合の軽減税率の特例　⊕R1

❶適用要件

　個人が，その年の1月1日において**所有期間が10年を超える**土地等または建物等のうち居住用財産に該当するものの譲渡（その個人の配偶者，直系血族その他その個人と「特別な関係にある者」に対する譲渡および他の課税の特例の適用を受ける譲渡を除く）をした場合には，その年の前年または前々年においてすでにこの課税の特例の適用を受けている場合，または収用等の場合の課税の特例等の適用を受ける場合などを除き，その譲渡による譲渡所得は，次により計算した軽減税率による分離課税とされている（租税特別措置法31条の3第1項）。

　なお，「特別な関係者」の範囲は，後述する居住用財産の譲渡所得の特別控除の特例の「特別な関係者」と，同じである。

①　その居住用財産の譲渡による**課税長期譲渡所得金額**が6,000万円以下の場合

　　課税長期譲渡所得金額×10％

②　その居住用財産の譲渡による**課税長期譲渡所得金額**が6,000万円を超える場合

POINT

課税長期譲渡所得金額は，居住用財産を譲渡した場合の3,000万円の特別控除額を控除した後の金額である

次に掲げる金額の合計額

　イ　600万円（6,000万円×10％）

　ロ　（課税長期譲渡所得金額－6,000万円）×15％

　なお，この軽減税率の特例は，居住用財産を譲渡した場合の3,000万円の特別控除を適用した後の課税長期譲渡所得について適用されるものである。

❷適用対象となる居住用財産

　対象となる居住用財産とは，次に掲げる**家屋または土地等**をいう（同条2項）。

① その個人が居住の用に供している家屋で国内にあるもの。ただし，その個人が居住の用に供している家屋を二以上有している場合には，そのうち主として居住の用に供していると認められる一の家屋に限る（同法施行令20条の3第2項）。

② ①の家屋でその個人の居住の用に供されなくなったもの（その居住の用に供されなくなった日から同日以後3年を経過する日の属する年の12月31日までの間に譲渡されたものに限る）。

③ ①または②に掲げる家屋およびその家屋の敷地に供されている土地等。

↩R1

7　収用等の場合の譲渡所得の課税の特例

❶収用等に伴い代替資産を取得した場合の課税の特例

　土地収用法，都市計画法などの法令の規定により，土地・建物等の資産（棚卸資産を除く）が収用等をされて補償金等を取得した場合において，その補償金等をもって，収用等された日の属する年の**12月31日**までに代替資産を取得（製作を含む）したときは，納税義務者の選択により，収用等によって取得した補償金等の額が**代替資産の取得価額以下**であるときは，譲渡が

（○）

□**Challenge**
所有期間が10年を超える居住用財産を譲渡した場合において，前年に既に居住用財産を譲渡した場合の3,000万円特別控除の適用を受けているときであっても，居住用財産を譲渡した場合の軽減税率の特例の適用を受けることができる。

なかったものとして譲渡所得は課税されない。その補償金等の額が**代替資産の取得価額を超える**ときは，その超える金額に相当する部分について譲渡があったものとして，譲渡所得が課税される（租税特別措置法33条1項）。

❷交換処分等に伴い資産を取得した場合の課税の特例

個人の有する資産を，土地収用法等の規定に基づいて収用，買取りまたは交換（交換処分等）により譲渡した場合において，**補償金などの全部で代替資産を取得**したり，または補償金などの代わりに収用などされた資産と同種の資産だけを受け取った場合には，交換処分等により譲渡した資産の譲渡はなかったものとして，譲渡所得は課税されない（同法33条の2第1項）。

また，補償金などの一部で代替資産を取得した場合には，残りの**補償金などに相当する部分についてのみ譲渡があったもの**として，**譲渡所得が課税される**。この場合の譲渡益の計算方法は，上記❶と同様である。

❸換地処分等に伴い資産を取得した場合の課税の特例

個人が，その有する土地等について，土地区画整理法による土地区画整理事業または土地改良法による土地改良事業などが施行された場合において，その土地等にかかる**換地処分により土地等を取得**したときは，その換地処分により譲渡した土地等については，譲渡がなかったものとして，**譲渡所得は課税されない**（同法33条の3第1項）。

また，土地等とともに**清算金を取得**した場合には，その換地処分により譲渡した土地等のうち，取得した土地（換地）等に対応する部分は，譲渡がなかったものとみなされる。その取得した清算金に対応する部分については，納税者の選択により，5,000万円の特別控除の適用を受けるか，またはこの清算金で代替資産を取得すれば，前記❶と同じ特例の適用を受けることができる。

POINT
①5,000万円の特別控除を受けるか，または代替資産を取得するかは，納税者が選択する
②補償金等の額のうち，代替資産の取得価額を超える部分についてだけ譲渡所得の金額を計算する

POINT
代替資産のみを取得した場合には，譲渡はなかったものとみなされる
補償金等の一部で代替資産を取得した場合には，残りの部分についてのみ譲渡所得を計算する

POINT
換地処分により土地等を取得した場合には，譲渡はなかったものとみなされる
換地処分のほかに清算金を取得した場合には，清算金について代替資産を取得した場合の特例が適用される

❹収用交換等の場合の譲渡所得等の特別控除

　個人の有する資産が，収用等を受け，または交換処分を受けたことにより，租税特別措置法33条1項各号または33条の2第1項各号による課税の特例を受けることができる場合において，その者がその年中にその該当することとなった資産のいずれについても上記の課税の特例の適用を受けていないときは，当該資産の譲渡益から5,000万円の**特別控除**を受けることができる（同法33条の4）。

●適用要件

　この譲渡所得の特別控除は，次に掲げる要件に該当する場合に限り適用される（同法33条の4第3項）。

①　資産の収用交換等による譲渡が，公共事業の施行者からその資産について最初に買取り等の申出のあった日から6か月以内に行われたこと。

②　一の買取り等の申出に対する収用交換等による資産の譲渡が二以上あった場合で，これらの譲渡が二以上の年にわたって行われたときは，そのうち最初に譲渡が行われた年における資産の譲渡に限られること。

③　資産の収用交換等による譲渡が，その資産について最初に買取り等の申出を受けた者（最初に買取り等の申出を受けた者が死亡した場合には，その者から相続などによってその資産を取得した者）が譲渡したものであること。

8 居住用財産の譲渡所得の特別控除

⊕R1

　個人が，その居住用財産を譲渡した場合には，その居住用財産の長期または短期の譲渡所得の金額から，3,000万円の特別控除が受けられる（租税特別措置法35条1項）。なお，譲渡所得の中に短期譲渡所得と長期譲渡所得があるときは，まず短期譲渡所得から控除し，控除しきれない額があれば，長期譲渡所

> **POINT**
> 収用交換等の場合の5,000万円特別控除と居住用財産を譲渡した場合の軽減税率の特例（31条の3）は，重複適用できる

> **POINT**
> 長期または短期の譲渡所得の金額から，3,000万円の特別控除が受けられる

得より控除する。

❶適用要件 ─────────────────────────

この居住用財産の**3,000万円の特別控除**は，次のいずれかの譲渡に該当する場合に適用される（同条2項，同法施行令23条1項）。

① 現に居住の用に供している家屋（居住の用以外の用に供している部分があるときは，居住の用に供している部分に限る。また，二以上の居住の用に供している家屋がある場合は，その者が主として居住の用に供している一の家屋に限る）を譲渡した場合

② 現に居住の用に供している家屋とともにその敷地を譲渡した場合

③ 次のイからハまでのいずれかに該当する家屋または土地等を，これらの家屋がその居住の用に供されなくなった日から3年を経過する日の属する年の12月31日までの間に譲渡した場合

　イ 災害によって滅失した居住用家屋の敷地であった土地等

　ロ 従来，居住の用に供していた家屋で居住の用に供されなくなったもの

　ハ 上記ロの家屋の敷地の用に供されていた土地等で，ロの家屋とともに譲渡されるもの

❷特例が不適用となる場合 ─────────────

上記❶に該当する譲渡であっても，次のいずれかに該当する場合には，この特例の適用は受けられない。

① その個人と次のような**特別な関係**にある者に譲渡した場合（同法施行令23条2項，20条の3第1項）

　イ 譲渡者の配偶者および直系血族

　ロ 譲渡者の親族で，譲渡者と生計を一にしている者および譲渡した家屋に譲渡者とともに居住する親族

□Challenge
居住用財産の譲渡所得の3,000万円特別控除は，その個人がその個人と生計を一にしていない孫に譲渡した場合には，適用を受けることができない。

（○）

ハ　譲渡者と婚姻の届出をしていないが事実上婚姻関係に
　　ある者およびその者の親族でその者と生計を一にしてい
　　るもの

ニ　譲渡者から受ける金銭その他の財産で生計を維持して
　　いる者およびその者の親族でその者と生計を一にしてい
　　るもの

ホ　譲渡者，譲渡者のイまたはロに該当する親族，譲渡者
　　の使用人もしくはその使用人の親族でその使用人と生計
　　を一にしているものまたは譲渡者にかかるハ，ニに掲げ
　　る者を判定の基礎とする株主または社員とした場合に同
　　族会社となる会社その他会社以外の法人

② 　固定資産の交換の場合の譲渡所得の特例（所得税法58
　　条），収用等に伴い代替資産を取得した場合の課税の特例
　　等（租税特別措置法33条から33条の4まで），特定の事業
　　用資産の買換えの場合の譲渡所得の課税の特例（同法37
　　条），特定の事業用資産を交換した場合の譲渡所得の課税
　　の特例（同法37条の4）もしくは大規模な住宅地造成事業
　　の施行地区内にある土地等の造成のための交換等の場合の
　　譲渡所得の課税の特例（同法37条の7）などの**適用を受け
　　ている場合**（同法35条1項）

③ 　**譲渡した年の前年または前々年**において，すでに居住用
　　財産の譲渡所得の特別控除，または居住用財産の買換え，
　　交換の場合の譲渡所得の課税の特例の**適用を受けている場
　　合**（同法35条1項）

❸空き家にかかる譲渡所得の特別控除の特例

　相続または遺贈による**被相続人居住用家屋**（相続の開始の直
前まで被相続人の居住の用に供されていた家屋で，昭和56年5
月31日以前に建築されたこと，その相続の開始の直前において
当該被相続人以外に居住をしていた者がいなかったこと等の要
件を満たすものいう）および被相続人居住用家屋の敷地等の取

□**Challenge**
居住用財産を譲渡し
た場合の3,000万円
の特別控除は，その
年の前年又は前々年
においてこの特別控
除の適用を受けてい
る場合には，適用さ
れない。

（○）

得をした個人が，平成28年4月1日から令和9年12月31日まで
の間に，次に掲げる譲渡（当該相続の開始があった日から同日
以後3年を経過する日の属する年の12月31日までの間にしたも
のに限るものとし，その譲渡の対価の額が1億円を超えるもの
等を除く）をした場合には，居住用財産を譲渡した場合に該当
するものとみなされ，**居住用財産の譲渡をした場合の3,000万
円特別控除**が受けられる（租税特別措置法第35条3項）。

①　相続もしくは遺贈により取得をした被相続人居住用家屋
　　（次に掲げる要件を満たすものに限る）の譲渡またはその
　　被相続人居住用家屋とともにするその敷地等（イに掲げる
　　要件を満たすものに限る）の譲渡

　イ　相続の時から譲渡の時まで事業の用，貸付けの用また
　　　は居住の用に供されていたことがないこと。

　ロ　譲渡の時において地震に対する安全性にかかる規定ま
　　　たは基準に適合するものであること。

②　相続または遺贈により取得をした被相続人居住用家屋
　　（イに掲げる要件を満たすものに限る）の全部の取壊し等
　　をした後におけるその敷地等（ロおよびハに掲げる要件を
　　満たすものに限る）の譲渡

　イ　相続の時から取壊し等の時まで事業の用，貸付けの用
　　　または居住の用に供されていたことがないこと。

　ロ　相続の時から譲渡の時まで事業の用，貸付けの用また
　　　は居住の用に供されていたことがないこと。

　ハ　取壊し等の時から譲渡の時まで建物または構築物の敷
　　　地の用に供されていたことがないこと。

　ただし，当該譲渡の対価の額と，相続の時から当該譲渡をし
た日以後3年を経過する日の属する年の12月31日までの間にそ
の相続にかかる相続人が行ったその被相続人居住用家屋と一体
として被相続人の居住用家屋または土地等の譲渡の対価の額と
の合計額が1億円を超える場合には，本特例は適用されない。

9　低未利用土地等を譲渡した場合の特例

　個人が，都市計画区域内にある低未利用土地（居住の用，業務の用その他の用途に供されておらず，またはその利用の程度がその周辺の地域における同一の用途に供されている土地等の利用の程度に比し著しく劣っていると認められる土地をいう）または当該低未利用土地の上に存する権利（低未利用土地等）で，その年の1月1日において所有期間が5年を超えるものの譲渡を，令和2年7月1日から令和7年12月31日までの間にした場合（当該譲渡の後に当該低未利用土地等の利用がされる場合に限る）には，低未利用土地等の譲渡益から100万円を控除することができる。

　控除の適用要件は，下記のとおりである（租税特別措置法35条の3）。

　①　譲渡価額が，当該低未利用土地の上にある建物等を含めて800万円以下の譲渡であること
　②　譲渡後の土地の利用について市区町村による確認が行われたこと

10　特定の居住用財産の買換えの特例

　個人が，平成5年4月1日から令和7年12月31日までの間に，その有する家屋または土地等で，その年の1月1日において所有期間が10年を超えるもののうち，一定の要件に該当するもの（譲渡資産）を譲渡した場合において，譲渡年の前年から翌年12月31日までの間にその居住の用に供する家屋またはその敷地である土地等で，一定の要件に該当するもの（買換資産）を取得し，かつ，その取得の日から譲渡年の翌年12月31日までの間にその居住の用に供したとき，または供する見込みであるときは，その譲渡資産の譲渡による収入金額が買換資産の取得価額

以下である場合は，その譲渡資産の譲渡がなかったものとする（譲渡益が非課税になるわけではなく，買換資産を将来譲渡したときまで譲渡益が繰り延べられる）。

　また，その収入金額がその取得価額を超える場合は，その譲渡資産のうちその超える金額に相当する部分についてだけ譲渡があったものとして長期譲渡所得の計算を行う（租税特別措置法36条の2）。

　なお，この特例の適用を受ける場合には，居住用財産を譲渡した場合の3,000万円の特別控除の特例（同法35条。ただし，同条3項の規定により適用する場合を除く）や居住用財産を譲渡した場合の軽減税率の特例（同法31条の3）の適用を重ねて受けることはできない。

❶特例の対象となる譲渡資産の範囲 ────────

　この特例の適用対象となる譲渡資産は，次の①から④のいずれかに該当する家屋または土地等で，譲渡した年の1月1日において所有期間が10年を超えるものでなければならない（同法36条の2第1項）。

　①　譲渡者が居住の用に供している家屋で，居住の用に供している期間が10年以上であるもの

　②　①に掲げる家屋でその居住の用に供されなくなったもののうち，居住の用に供されなくなった日から同日以後3年を経過する日の属する年の12月31日までの間に譲渡されるもの

　③　①または②に掲げる家屋およびその家屋の敷地の用に供されている土地またはその土地の上に存する権利

　④　譲渡にかかる対価の額が1億円以下であること

❷特例の対象となる買換資産の範囲 ────────

　この特例の適用対象となる買換資産は，次の①または②に掲げる資産の区分に応じ，それぞれに掲げるものである（同法施行令24条の2第3項）。

□Challenge
租税特別措置法第36条の2の特定の居住用財産の買換えの場合の長期譲渡所得の課税の特例については，譲渡資産の家屋は，譲渡をした年の1月1日における所有期間が10年を超えるものであり，かつ，その居住の用に供していた期間が10年以上であることが適用要件とされている。

（○）

①　自己の居住の用に供する家屋

次に掲げる家屋（建築後使用されたことのある耐火建築物である場合には，その取得の日以前25年以内に建築されたものに限る）

　イ　1棟の家屋の床面積のうち，その者が居住の用に供する部分の床面積が50㎡以上であるもの

　ロ　1棟の建物のうち，その独立部分を区分所有する場合には，その独立部分の床面積のうちその者が居住の用に供する部分の床面積が50㎡以上であるもの

②　①に掲げる家屋の敷地の用に供する土地等

その土地の面積（①のロに掲げる家屋については，その1棟の家屋の敷地の用に供する土地の面積にその家屋の床面積のうちにその者の区分所有する独立部分の床面積の占める割合を乗じて計算した面積）が500㎡以下であるもの

11　住宅借入金等特別控除

住宅取得等特別控除（住宅ローン控除）とは，個人が，居住用家屋の**新築**または新築住宅の**取得**（配偶者その他その者と特別の関係がある者からの取得および贈与によるものを除く），**買取再販住宅**（既存住宅を宅地建物取引業者が一定のリフォームにより良質化した上で販売する住宅）**の取得，既存住宅の取得**または**増改築等**をして，令和7年12月31日までの間にその者の居住の用に供した場合において，住宅借入金等の年末残高に応じて，その0.7％に相当する金額を，居住の用に供した年以後13年間または10年間にわたって所得税額から控除する制度である（租税特別措置法41条）。

住宅の取得等をして令和4年から令和7年までの間に居住の用に供した場合の住宅借入金等の年末残高の限度額（控除対象借入限度額），控除率および控除期間は次のとおりである。

❶一般住宅（認定住宅等以外）の場合

居住年	控除期間	借入限度額	控除率	最大控除額
令和4年・5年	最長13年	3,000万円	0.7%	273万円
令和6年・7年	最長10年	2,000万円		140万円

　上記の金額等は，住宅の取得等が居住用家屋の新築等または買取再販住宅の取得である場合の金額等であり，それ以外の場合（既存住宅の取得（買取再販住宅の取得を除く）または住宅の増改築等）における控除対象借入限度額は一律2,000万円と，控除期間は一律10年とされる。

❷認定住宅等の場合

　認定住宅，ZEH（ゼロ・エネルギー・ハウス）水準省エネ住宅，省エネ基準適合住宅について令和6年に入居した場合の借入限度額は，次のとおりである。

新築・買取再販住宅		認定住宅	ZEH水準省エネ住宅	省エネ基準適合住宅
借入限度額	子育て世帯等	5,000万円	4,500万円	4,000万円
	それ以外	4,500万円	3,500万円	3,000万円

　「子育て世帯等」とは，令和6年12月31日現在において19歳未満の扶養親族を有する者または自身もしくは配偶者のいずれかが40歳未満の者をいい，「認定住宅」とは認定長期優良住宅および認定低炭素住宅を，「ZEH水準省エネ住宅」（特定エネルギー消費性能向上住宅）とはエネルギーの使用の合理化に著しく資する住宅の用に供する家屋を，「省エネ基準適合住宅」（エネルギー消費性能向上住宅）とは，エネルギーの使用の合理化に資する住宅の用に供する家屋をいう。

　上記の金額等は，住宅の取得等が認定住宅等の新築等または買取再販認定住宅等の取得である場合の金額等であり，住宅の取得等が認定住宅等である既存住宅の取得（買取再販認定住宅等の取得を除く）である場合における控除対象借入限度額は一律3,000万円，控除期間は一律10年とされる。

❸既存住宅の場合

	居住年	控除期間	借入限度額	控除率	最大控除額
認定住宅等	令和4年 〜 令和7年	最長10年	3,000万円	0.7%	210万円
認定住宅等以外			2,000万円		140万円

❹控除の適用要件

　控除の対象となる借入金等は，住宅の新築・取得，住宅の取得とともにする敷地の取得および一定の増改築等のための借入金で，償還期間が10年以上のものである。

　また，控除の適用要件は下記のとおり（同法施行令26条）。

● **新築住宅**

① 　新築または取得の日から6か月以内に居住の用に供し，引き続き適用年の12月31日まで居住していること。

② 　控除適用年の合計所得金額が2,000万円以下であること。

③ 　新築または取得した住宅の床面積が50㎡以上（合計所得金額が1,000万円以下の者で，令和6年以前に建築確認を受けた新築住宅については40㎡以上）であり，床面積の2分の1以上が専ら自己の居住用に供するものであること。

● **既存住宅**

新築住宅の要件に加え，

① 　建築後使用されたものであること。

② 　現行の耐震基準（新耐震基準）に適合するものであること（昭和57年1月1日以降に建築された家屋については，新耐震基準に適合するものとみなす）。

● **増改築等**

新築住宅の要件に準じ，

① 　増改築後の家屋の総床面積が50㎡以上であること。

② 　工事費用が100万円を超えること。

❺控除の手続

　住宅ローン控除の適用を受けるためには，住宅を購入した翌年の2月16日から3月15日までの間に確定申告をする必要があ

□**Challenge**

令和6年中に居住用家屋を居住の用に供した場合において，住宅ローン控除の適用を受けようとする者のその年分の合計所得金額が2,000万円を超えるときは，その超える年分の所得税について住宅ローン控除の適用を受けることはできない。

（○）

る。なお，給与所得者の場合，2年目以降は年末調整により控除が受けられるので，確定申告は不要となる。

❻適用除外年分

この特別控除の適用対象となる家屋に入居した年分について次に掲げる特例の適用を受ける場合，またはその家屋に入居した年の前年分もしくは前々年分の所得税について次に掲げる特例の適用を受けている場合は，その入居した年以後10年間の各年分については，住宅借入金等特別控除を受けることができない（同法41条24項）。

① 居住用財産を譲渡した場合の長期譲渡所得の課税の特例（同法31条の3）

② 居住用財産の譲渡所得の特別控除（同法35条）

③ 特定の居住用財産の買換えの場合の長期譲渡所得の課税の特例（同法36条の2）

④ 特定の居住用財産を交換した場合の長期譲渡所得の課税の特例（同法36条の5）

⑤ 既成市街地等内にある土地等の中高層耐火建築物等の建設のための買換えおよび交換の場合の譲渡所得の課税の特例（同法37条の5）

❼個人住民税の住宅ローン控除

令和4年分以後の所得税において住宅ローン控除の適用がある者（令和7年12月31日までの入居に限る）のうち，当該年分の住宅借入金等特別税額控除額から当該年分の所得税額（住宅借入金等特別税額控除の適用がないものとした場合の所得税額）を控除した残額があるものについては，翌年度分の個人住民税において，当該残額に相当する額を，次の控除限度額の範囲内で減額する（地方税法附則5条の4の2）。

居住年	控除限度額
令和4年～7年	所得税の課税総所得金額等×5％（最高9万7,500万円）

なお，令和4年度税制改正により，住宅ローン控除の適用期

□**Challenge**

令和6年中に居住用家屋を売却し，新たに居住用家屋を取得した場合には，その売却した居住用家屋にかかる譲渡損失につき特定の居住用財産の買換え等の場合の譲渡損失の繰越控除の適用を受けても，新たに取得した居住用家屋について住宅借入金等特別控除の適用を受けることができる。

（○）

限が令和 7 年12月31日まで 4 年間延長されたことに伴い，個人
住民税の控除措置の適用期限も同様に延長された。

❽既存住宅の改修工事をした場合の住宅ローン控除等 ───

● バリアフリー改修・省エネ改修

　居住用の家屋について，**住宅ローン等**を利用して特定の増改
築等（バリアフリー改修工事および省エネ改修工事。工事費用
の合計額が50万円を超えるものに限る）を含む増改築等を行
い，令和 7 年12月31日までの間に自己の居住の用に供した場合
の住宅借入金等の年末残高の限度額（1,000万円）のうち，特
定の増改築等にかかる限度額（特定増改築等限度額。表の上段
の数字），控除率および各年の控除限度額・控除期間（5 年間）
の最大控除額は次のとおりである（租税特別措置法41条の 3 の
2 第 1 項）。

居住年	特定増改築等限度額 その他の借入限度額	控除率	各年の控除 限度額	最大控除額
～令和 7 年12月	250万円（バリアフリー 改修・省エネ改修）	2.0%	5 万円	62.5万円
	750万円（上記以外）	1.0%	7.5万円	

　バリアフリー改修工事をした場合の特別控除の適用要件は，
①年齢が50歳以上の者，②介護保険法の要介護認定または要支
援認定を受けている者，③障害者である者，④上記②もしくは
③に該当する者または65歳以上の者である親族と同居を常況と
する者，のいずれかに該当する居住者である。

　また，**自己資金**で一定のバリアフリー改修工事や省エネ改修
工事を行った場合で，その家屋を居住の用に供したときは，そ
の工事費用等の額と標準的な工事費用相当額のいずれか少ない
金額の**10%**に相当する金額がその年分の所得税の額から控除さ
れる（同法41条の19の 3 第 1 項）。

バリアフリー改修工事（自己資金）

居住年	工事限度額	控除率	控除限度額
～令和 7 年12月	200万円	10%	20万円

省エネ改修工事（自己資金）

居住年	工事限度額	控除率	控除限度額
～令和7年12月	250（350）万円	10%	25（35）万円

＊（　）内は，省エネ改修工事と併せて太陽光発電装置を設置する場合の金額。

　バリアフリー改修工事および省エネ改修工事については，住宅ローン控除と所得税額の特別控除の選択適用となる。

　さらに，令和8年3月31日までの間に一定のバリアフリー改修工事または省エネ改修工事を行った場合には，工事が完了した年の翌年度分について，当該住宅にかかる**固定資産税**の税額の**3分の1**（一定の省エネ改修工事を行った結果，認定長期優良住宅に該当することとなったものについては3分の2）が減額される（地方税法附則15条の9第4項・9項，15条の9の2第4項）。

●耐震改修

　住宅耐震改修のための一定の事業を定めた計画区域内において，昭和56年5月31日以前に建築された旧耐震基準による居住用家屋等の耐震改修をしたときは，その工事費用等の額と標準的な工事費用相当額のいずれか少ない金額の**10%**に相当する金額がその年分の所得税の額から控除される（租税特別措置法41条の19の2）。

工事完了年	工事限度額	控除率	控除限度額
～令和7年12月	250万円	10%	25万円

　さらに，令和8年3月31日までの間に新耐震基準に適合する耐震改修工事を行った場合には，工事が完了した年の翌年度分について，当該住宅にかかる**固定資産税**の税額の**2分の1**（耐震改修工事を行った結果，認定長期優良住宅に該当することとなったものについては3分の2）が減額される（地方税法附則15条の9第1項，15条の9の2第1項）。

●耐震改修工事または省エネ改修工事と併せて行う一定の耐久性向上改修工事

耐震改修工事または省エネ改修工事と併せて，認定を受けた長期優良住宅建築等計画に基づくものである等一定の耐久性向上改修工事を行った場合には，その耐震改修工事にかかる標準的な工事費用相当額，省エネ改修工事にかかる標準的な工事費用相当額および耐久性向上改修工事にかかる標準的な工事費用相当額の合計額の10%に相当する金額が控除される。

居住年	工事限度額	控除率	控除限度額
～令和7年12月	500 (600) 万円	10%	50 (60) 万円

＊（　）内は，省エネ改修工事と併せて太陽光発電装置を設置する場合の金額。

❾住宅の多世帯同居改修工事等にかかる特例

個人が，その者の所有する居住用の家屋について，他の世帯との同居に必要な設備の数を増加させるための一定の改修工事（**特定多世帯同居改修工事等**）を含む増改築等を行った場合において，その家屋を平成28年4月1日から令和7年12月31日までの間にその者の居住の用に供したときは，増改築等にかかる費用に充てるために借り入れた次に掲げる住宅借入金等の年末残高（1,000万円を限度）の区分に応じ，それぞれ次に定める割合に相当する金額の合計額が所得税の額から控除される（租税特別措置法41条の3の2第8項）。本特例は，住宅の増改築等にかかる住宅借入金等を有する場合の所得税額の特別控除との選択適用とし，控除期間は5年とする。

特定多世帯同居改修工事等にかかる改修工事に要した費用から当該特定工事に係る補助金等を控除した金額（250万円を限度）に相当する住宅借入金等の年末残高	2%
上記以外の住宅借入金等の年末残高	1%

また，個人が，自己資金で多世帯同居改修工事等をして，居住用家屋を平成28年4月1日から令和7年12月31日までの間にその者の居住の用に供した場合には，その居住の用に供した日の属する年分の所得税の額から，その多世帯同居改修工事等にかかる標準的な工事費用相当額（250万円を限度）の10%に相当する金額が控除される（同法41条の19の3第3項）。

❿認定住宅等の新築等をした場合の特別税額控除 ─────

　ローンを組まない認定住宅等についても，令和7年12月31日までの間に新築等をして居住の用に供した場合，一定の要件のもとで標準的な性能強化費用相当額（上限650万円）の10％をその年分の所得税額から控除することができる。したがって，認定住宅については，住宅ローン控除と特別税額控除のいずれかを適用することができる（同法41条の19の4）。

居住年	対象住宅	控除対象限度額	控除率	控除限度額
～令和7年12月	認定住宅等	650万円	10％	65万円

　この税額控除の適用を受けることができるのは，次のすべての要件を満たすときである。

①　認定住宅の新築または建築後使用されたことのない認定住宅の取得であること。

②　新築または取得の日から6か月以内に居住の用に供していること。

③　この税額控除を受ける年分の合計所得金額が2,000万円以下であること。

④　新築または取得をした住宅の床面積が50㎡以上であり，床面積の2分の1以上の部分が専ら自己の居住の用に供するものであること。

⑤　居住の用に供した年とその前後の2年ずつの5年間に，居住用財産を譲渡した場合の長期譲渡所得の課税の特例（同法31条の3）および居住用財産の譲渡所得の特別控除（同法35条）の適用を受けていないこと。

⓫住宅取得等にかかる措置の緩和 ─────────────

　平成28年4月1日以後，次に掲げる住宅取得等にかかる措置について，現行の居住者が満たすべき要件と同様の要件の下で，**非居住者**が住宅の取得等をする場合等について適用できることとされた。

①　住宅借入金等を有する場合の所得税額の特別控除（租税

特別措置法41条〜41条の３関係)

② 特定の増改築等にかかる住宅借入金等を有する場合の所得税額の特別控除の控除額にかかる特例（同法41条の３の２関係)

③ 既存住宅の耐震改修をした場合の所得税額の特別控除（同法41条の19の２関係)

④ 既存住宅にかかる特定の改修工事をした場合の所得税額の特別控除（同法41条の19の３関係)

⑤ 認定住宅の新築等をした場合の所得税額の特別控除（同法41条の19の４関係)

12 居住用財産の買換え等の場合の譲渡損失の損益通算および繰越控除

　個人が，**平成16年分以後**の各年分の譲渡所得の金額の計算上生じた**居住用財産の譲渡損失の金額**がある場合には，当該譲渡資産の譲渡による所得以外の所得との**損益通算**および翌年以降の**繰越控除**が認められる。

　ただし，当該個人がその年の前年以前３年内に生じた当該居住用財産の譲渡損失の金額以外の居住用財産の譲渡損失の金額について，この特例の適用を受けているときは，この限りでない（租税特別措置法41条の５第１項)。また，当該個人のその年分の合計所得金額が**3,000万円**を超える年についても適用を受けることができない（同条４項)。

　現行の租税特別措置法31条１項後段で，長期譲渡所得の金額の計算上生じた譲渡損失は，生じなかったものとみなすと規定している。したがって，居住用財産の譲渡損失を他の所得との損益通算および総所得金額等からの繰越控除はできないことになる。

　そこで，この特例は，これらの規定にかかわらず，個人が平成16年分以後の各年分において，居住用財産の譲渡損失の金額

がある場合は，当該譲渡による所得以外の所得との損益通算および翌年以後3年分の各年分の総所得金額等からの繰越控除を認めることとした。

❶居住用財産の譲渡損失

　居住用財産の譲渡損失の金額とは，当該個人が平成10年1月1日から令和7年12月31日までの間に，所有期間が5年を超える一定の居住用財産を譲渡（当該個人の配偶者および直系血族ならびに当該個人の親族で当該個人と生計を一にしているもの等に対する譲渡は除かれる）した場合において，一定の期間内に**買換資産**を取得（贈与および代物弁済による取得は除かれる）して翌年12月31日までの間に当該個人の居住の用に供したときにおけるその年において生じた純損失の金額（損益通算を行ってもなお控除しきれない部分の金額）のうち，当該譲渡資産にかかる譲渡所得の金額の計算上生じた損失の金額をいう（同法41条の5第7項1号）。

❷他の居住用財産の譲渡にかかる特例との重複不適用

　当該個人がその年の前年または前々年における資産の譲渡について，次の特例の適用を受けている場合には，この特例は適用されない（同条7項1号）。

①　居住用財産を譲渡した場合の長期譲渡所得の軽減税率の特例（同法31条の3第1項）

②　居住用財産の譲渡所得の3,000万円特別控除（同法35条1項）

③　相続等により取得した居住用財産の買換えまたは交換の場合の長期譲渡所得の課税の特例（同法36条の2，36条の5）

④　特定の居住用財産の買換え等の場合の長期譲渡所得の課税の特例（同法36条の6）

❸特定居住用財産の譲渡損失の損益通算および繰越控除

　上記の居住用財産の買換え等の場合の特例と同じように，特

定居住用財産の譲渡損失について，概要，次のような措置がとられている。

　個人が，平成16年1月1日から令和7年12月31日までの間にその有する家屋または土地等で，その年1月1日において所有期間が5年を超え，当該個人の**居住**の用に供しているもの（特定居住用財産）を譲渡した場合（当該個人が当該譲渡にかかる契約を締結した日の前日において当該譲渡資産にかかる一定の**住宅借入金等の金額**を有する場合に限る）において，当該譲渡の日の属する年に当該譲渡にかかる**譲渡損失**の金額（当該譲渡資産にかかる一定の住宅借入金等の金額から当該譲渡資産の譲渡の対価の額を控除した残額を限度とする）があるときは，一定の要件の下で，その譲渡損失の金額について当該譲渡資産の譲渡による所得以外の所得との**損益通算**および翌年以後3年内の各年分（合計所得金額が2,000万円以下である年分に限る）の総所得金額等からの**繰越控除**が認められる。ただし，当該個人がその年の前年以前3年内に生じた当該特定居住用財産の譲渡損失の金額以外の特定居住用財産の譲渡損失の金額について，この特例の適用を受けているときは，この限りでない（同法41条の5の2）。

13　相　続　税

　相続税は，人が死亡したことに伴う相続または遺贈によって取得した財産（墓地や墓石，仏壇，仏具など非課税財産や債務，葬式費用は除く）に課税される。すなわち，相続人等が相続，遺贈等の民法上の法律効果によって被相続人の財産を取得した場合に，その相続人等を課税主体としてその取得財産に対して課税する国税である。

❶納税義務者

　相続税の納税義務者は，次に掲げるいずれかに該当する者で

ある（相続税法1条の3第1項）。

① 相続または遺贈（死因贈与を含む）により財産を取得した個人で，当該財産を取得した時において**日本国内に住所を有するもの**

② 相続または遺贈により財産を取得した**日本国籍を有する**個人で，当該財産を取得した時において**日本国内に住所を有しないもの**（当該相続または遺贈にかかる相続の開始前**10年以内のいずれかの時に日本国内に住所を有していたことがあるもの）** 等

③ 相続または遺贈により**日本国内にある財産を取得した**個人で，当該財産を取得した時に**日本国内に住所を有しない**もの（上記②に掲げる者を除く）

④ 贈与（死因贈与を除く）により相続時精算課税制度の適用を受ける財産を取得した個人（上記①から③に掲げる者を除く）

❷課税財産の範囲

　相続税の課税の対象となる財産は，相続または遺贈により取得した財産である（同法2条）。

　相続や遺贈によって取得した財産であっても，墓地，墓石，仏壇，仏具などは非課税財産とされる（同法12条）。

❸課税価格の計算

　相続税の課税価格は，相続または遺贈により取得した者（相続時精算課税適用者を含む）の財産の合計額から被相続人の債務で相続開始の際，現に存するものおよび被相続人にかかる葬式費用を控除した金額である。この課税価格は，財産を取得した者ごとに計算し，次に各人の課税価格を合計する。これを課税価格の合計額という（同法11条の2，13条）。

　また，相続または遺贈により財産を取得した者が，**相続開始前7年以内に被相続人から生前贈与を受けた財産**（加算対象贈与財産。このうち，当該相続の開始前3年以内に取得した財産

□**Challenge**
贈与者の死亡を原因として効力を生ずる贈与により取得した財産は，相続税の課税対象となる。

（○）

44

以外の財産にあっては，当該財産の価額の合計額から100万円を控除した残額）があれば，この贈与を受けた財産の価額は，相続税の課税価格に加算する（同法19条）。

❹相続税額の計算

　各相続人が納付すべき**相続税額**は，次の順序によって計算する。

① 　相続や遺贈によって財産を取得した者ごとに，財産の価額を各人別に計算する。この場合，相続人が負担した被相続人の債務や葬式費用の額は，その者の取得した財産の価額から控除する。

② 　相続開始前7年以内にその被相続人から贈与によって取得した財産がある場合には，その財産の贈与時の価額を上記①の価額に加算する。この加算後の価額を「**課税価格**」といい，各人ごとの課税価格を合計したものを「**課税価格の合計額**」という。

③ 　上記の「課税価格の合計額」から，後述する「遺産にかかる基礎控除額」を控除して，「**課税される遺産総額**」を計算する。

④ 　法定相続人が「課税される遺産総額」を法定相続分に応じて取得したものと仮定して，各人の取得金額を算出し，その各人の取得金額にそれぞれ相続税の税率を乗じて算出した税額を合計して，「**相続税の総額**」を計算する（同法16条）。

⑤ 　上記の「相続税の総額」を相続または遺贈により実際に財産を取得した相続人または受遺者についてあん分し，各相続人や受遺者の「**相続税額**」を計算する（同法17条）。

⑥ 　相続または遺贈により財産を取得した者が，当該相続または遺贈にかかる被相続人の**一親等の血族**（当該被相続人の直系卑属が相続開始以前に死亡し，または相続権を失ったため，代襲して相続人となった当該被相続人の直系卑属

法改正

令和5年度税制改正により，加算対象期間が7年に延長された（令和6年1月1日以後の贈与に適用。なお，延長された4年分の贈与のうち，総額100万円まで相続財産に加算されない）

を含む）および**配偶者以外の者**である場合には，その者の相続税額にその100分の20に相当する金額を加算する（同法18条1項）。

⑦　以上により計算した各人ごとの相続税額から配偶者の税額軽減や未成年者控除などの税額控除を行って，各人ごとの「納付すべき相続税額」を計算する。

❺遺産にかかる基礎控除

遺産にかかる基礎控除額とは，3,000万円と法定相続人1人当たり600万円との合計額である（同法15条）。この場合の法定相続人とは，相続の放棄をした者があっても，その放棄がなかったものとした場合の相続人をいう。したがって，たとえば，法定相続人が妻と子が2人の場合には，3,000万円＋600万円×3＝4,800万円となる。

また，被相続人に養子があるときは，上記の法定相続人の数に含める養子の数は，次のように制限されている。

①　被相続人に実子がある場合………1人

②　被相続人に実子がない場合………2人

□**Challenge**
遺産に係る基礎控除を計算する場合の相続人には，相続を放棄した者も含まれる。

❻配偶者の税額軽減

被相続人の配偶者が，その被相続人から相続または遺贈により財産を取得した場合には，その配偶者の相続税額から，次の算式によって計算した配偶者の税額軽減額が差し引かれる（同法19条の2第1項）。

$$\text{配偶者の税額軽減額} = \text{相続税の総額} \times \frac{\text{次の(1)または(2)のうちいずれか少ない方の金額}}{\text{課税価格の合計額}}$$

(1)　課税価格の合計額に配偶者の法定相続分を乗じて計算した金額または1億6,000万円のいずれか多い方の金額

(2)　配偶者の課税価格（実際取得額）

POINT
民法の法定相続分までは非課税である。また，最低保障額は1億6,000万円である

（○）

❼相続時精算課税の適用を受ける財産

● 相続時精算課税適用財産の加算

　後述の贈与税の相続時精算課税制度の適用者が，被相続人の生前に被相続人からの贈与により取得した相続時精算課税の適用を受ける財産（相続時精算課税適用財産）の価額（贈与時の価額）は，相続税の課税価格に加算される（同法21条の15）。

● 相続税額の計算

　相続時精算課税適用者にかかる相続税額は，特定贈与者（相続時精算課税適用にかかる贈与者）からの相続時に，この制度の選択時以後の贈与により取得した財産の贈与時における価額と相続により取得した財産の価額とを**合計した価額を課税価格として計算した相続税額**から，すでに支払った**相続時精算課税にかかる贈与税額を控除した額**とする。また，相続税額から控除しきれない贈与税額がある場合には，その控除しきれない贈与税額について相続税の申告をすることにより**還付を受ける**ことができる（同法21条の15，21条の16，33条の２）。

❽相続税の納付

　相続税は，相続の開始があったことを知った日の翌日から**10か月以内**に被相続人の死亡の時における住所地の所轄税務署長に相続税の申告書を提出し，同時に税金を納付しなければならない（相続税法27条）。

　納付すべき相続税額が**10万円を超え**，かつ，納税義務者について納期限までに，または納付すべき日に**金銭で納付することを困難とする事由がある場合**には，担保を提供して５年（課税相続財産の価額のうち，不動産等の価額が２分の１以上であるときは，その不動産の価額に対応する部分の相続税額については**15年**，その他の部分の相続税額については**10年**）以内の**年賦延納**を申請することができる（同法38条）。

　また，金銭をもって納付することが困難な場合には，その納付を困難とする金額として政令で定める額を限度として，課税

価格の計算の基礎となった国債および地方債，不動産および船舶などの財産について，納期限までに**物納を申請**することができる（同法41条，42条）。

14 贈 与 税

　相続税は，相続開始時における財産に課税されるので，被相続人が生前に財産を贈与すれば，容易に相続税を回避することができる。そこで，この回避を防止するため生前に贈与した財産に対して贈与税を課税している。

　すなわち，個人が，他の個人から不動産またはその取得資金その他の財産の贈与（死亡贈与は除く）を受けた場合には，その贈与を受けた財産を課税価格として，その取得者（受贈者）に対して贈与税を課することになっている。

❶納税義務者

　贈与税の納税義務者は，次に掲げるいずれかに該当する者である（相続税法１条の４第１項）。

　①　贈与により財産を取得した個人で，当該財産を取得した時において**日本国内に住所を有するもの**

　②　贈与により財産を取得した**日本国籍を有する個人**で，当該財産を取得した時において**日本国内に住所を有しないもの**（当該贈与前**10年以内**のいずれかの時に**日本国内に住所を有していた**ことがある場合に限る）

　③　贈与により**日本国内にある財産を取得した個人**で，当該財産を取得した時に日本国内に住所を有しないもの（上記②に掲げる者を除く）

　また，対価の授受が行われないで不動産等の取得があった場合および他人の名義で新たに不動産等の取得があった場合には，原則として**贈与があった**ものとして取り扱われる。

❷課税財産の範囲

　贈与税の課税対象は，贈与により取得した財産である（相続税法2条の2）。贈与は，当事者の一方がある財産を無償で相手方に与える意思を表示し，相手方が受諾をすることによって，その効力を生ずる契約である（民法549条）。

　また，次のような**特別の経済的利益**を受けた場合には，その実質が贈与とかわりがないので，**贈与とみなされる**（相続税法4条ないし9条）。

① 　信託行為があったときに，その信託から生ずる利益を委託者以外の者が受けたとき。

② 　他の者が保険料を負担した生命保険金または損害保険金を受け取ったとき。

③ 　他の者が掛金や保険料を負担していた定期金を受け取ったとき。

④ 　財産を時価より著しく低い価額で譲り受けたとき。

⑤ 　著しく低い価額の対価で債務の免除，引受けまたは第三者のためにする債務の弁済による利益を受けたとき。

⑥ 　上記の場合を除くほか，対価を支払わないで，または著しく低い価額の対価で利益を受けたとき。

❸非課税財産

　贈与を受けた財産であっても，法人から贈与を受けた財産や扶養義務者から生活費や教育費にあてるために贈与を受けた財産で通常必要と認められるもの，社交上の香典や贈答品で常識的な範囲内のものなどは，**非課税財産**である（同法21条の3）。

❹課税価格の計算

　贈与税の課税価格は，その年中において贈与により取得した財産の価額の合計額である。すなわち，その年の1月1日から12月31日までの1年間に贈与を受けた財産（非課税財産は除く）の価額の合計額によって計算する。

　この場合，同一人から2回以上にわたって贈与を受けたとき，

POINT
個人が，法人から贈与を受けた財産については，すべて所得税の領域に委ねられている

または2人以上の者から贈与を受けたときは，贈与を受けたすべての財産の価額を合計する（同法21条の2）。なお，個々の財産の価額は，その財産の贈与があった時の時価によって評価する（同法22条）。

❺相続時精算課税制度

特定の贈与者からの贈与について相続時精算課税制度を選択し，その贈与者から1年間に贈与を受けた財産（**相続時精算課税適用財産**）の価額をもとに贈与税額を計算する（同法21条の9）。また，将来その贈与者が死亡したときには，その相続時精算課税適用財産（贈与時の時価）と相続または遺贈を受けた財産の価額（相続時の時価）の合計額をもとに計算した相続税額から，すでに支払ったその贈与税相当額を控除した金額をもって納付すべき相続税額とする方式である。

なお，この方式を選択した場合には，その選択にかかる贈与者から贈与を受けた財産については，その選択をした年分以降すべて相続時精算課税制度が適用され，一般の暦年課税への変更は認められない。

● **適用対象者**

贈与者は，贈与をした年の1月1日において**60歳以上**で，かつ，贈与をした時において受贈者の親でなければならない。また，**受贈者**は，贈与を受けた年の1月1日において**18歳以上**で，かつ，贈与を受けた時において贈与者の子（直系卑属）である推定相続人であることが必要である（同条1項）。

法改正
成年年齢の引き下げに伴い，令和4年4月以後，対象年齢が「20歳以上」から「18歳以上」に引き下げられた

● **適用手続**

相続時精算課税を選択しようとする者は，贈与税の申告期間内（贈与を受けた年の翌年2月1日から3月15日まで）に**相続時精算課税選択届出書**を贈与税の申告書とともに，受贈者の住所地の所轄税務署長に提出しなければならない（同条2項）。

なお，相続時精算課税選択届出書を提出した者を相続時精算課税適用者，その届出書にかかる贈与者を特定贈与者という。

● **計算方法**

　相続時精算課税適用者がその年中において特定贈与者からの贈与により取得した財産にかかるその年分の贈与税については，贈与税の課税価格から110万円を控除する（租税特別措置法70条の3の2）。

　特定贈与者ごとに，1年間に贈与を受けた相続時精算課税適用財産の価額の合計額（課税価格）から相続時精算の特別控除額（2,500万円と特定贈与者ごとの贈与税の課税価格のうちいずれか低い金額）を控除した金額に20％の税率を乗じて贈与税額を計算する（同法21条の13）。

❻住宅取得等資金の非課税制度

　令和8年12月31日までの間に18歳以上の者（合計所得金額が2,000万円以下の者に限る）が，自己の居住の用に供する一定の家屋の新築・取得または自己の居住の用に供する家屋の一定の増改築（これらとともにするこれらの家屋の敷地の用に供されている土地または土地の上に存する権利の取得を含む）のための資金をその**直系尊属**（父母，祖父母など）からの贈与により取得した場合には，省エネ性・耐震性等を満たす住宅は1,000万円まで，それ以外の住宅は500万円まで贈与税が非課税となる（租税特別措置法70条の2）。

　なお，適用対象となる住宅用家屋の床面積については，東日本大震災の被災者を除き，40㎡以上240㎡以下とされる。

　この非課税枠は，通常の暦年課税の非課税枠110万円に加算して利用することができる。すなわち，令和6年中の贈与で暦年課税を適用する場合，贈与を受けた住宅取得等資金から上記の非課税措置である500万円を差し引き，さらに基礎控除110万円を差し引いた額が課税対象となる。

　たとえば，18歳以上の子が親から住宅取得等資金の贈与を受けた場合には，610万円（500万円＋110万円）までが非課税になる。

[法改正]

令和5年度税制改正により，相続時精算課税についても，現行の暦年課税の基礎控除とは別途110万円の基礎控除が創設された（令和6年1月1日以後の贈与に適用）

また，一般の相続時精算課税の控除額2,500万円に加算して，最大3,000万円を非課税枠として利用することも選択することができる。具体的には，以下のとおり。

● 暦年課税を適用する場合

　　住宅取得資金−500万円（今回の非課税措置）−110万円（基礎控除）＝課税対象

　　　⇒　結果的に，計610万円まで非課税

● 相続時精算課税制度を適用する場合

　　住宅取得資金−500万円（今回の非課税措置）−2,500万円（相続時精算課税の非課税枠）＝贈与税の課税対象

　　　⇒　結果的に，計3,000万円まで非課税

❼相続時精算課税選択の特例

　令和8年12月31日までに，**18歳以上の者**が，原則として**父母**から，自己の居住の用に供する一定の住宅用の家屋の新築もしくは取得または増改築等のための金銭の贈与を受けた場合には，贈与者がその贈与の年の1月1日において**60歳未満**であっても相続時精算課税を選択することができる（租税特別措置法70条の3）。

❽贈与税額の計算

　贈与税額は，基礎控除および配偶者控除後の課税価格について税率を乗じて計算する（相続税法21条の7）。

　贈与税の基礎控除は，相続税法21条の5により，課税価格から60万円を控除することになっている。ただし，**平成13年1月1日以後**の贈与については，上記の規定にかかわらず，**110万円**を控除する（租税特別措置法70条の2の4）。

❾贈与税の配偶者控除

　贈与税の配偶者控除は，婚姻期間が20年以上である配偶者から，①居住用不動産の贈与を受けた場合，または，②金銭の贈与を受け，その金銭で居住用不動産を取得した場合で，①，②の場合とも，それぞれの贈与を受けた年の翌年の3月15日まで

POINT

贈与税の配偶者控除は，贈与税の基礎控除に先だって行う

にその居住用不動産を自己の居住の用に供し，かつ，その後引き続き居住の用に供する見込みである場合に，その年分の贈与税について2,000万円を限度として1回だけ課税価格から控除する（相続税法21条の6）。

❿贈与税の納付

　計算された贈与税は，贈与を受けた年の翌年2月1日から3月15日までに所轄税務署長に贈与税の申告書を提出し，同時に税金を納付しなければならない（同法28条）。

15　登録免許税

⊕R2・R3

❶納税義務者

　登録免許税法2条によれば，登記，登録，特許，免許，許可，認可，指定および技能証明を受けるときは登録免許税を納めなければならないと規定している。

　ただし不動産登記の場合，次の①～③の登記については登録免許税が課税されない。

①　国等が自己のために受ける登記

②　建物の新築・増築の表示の登記（建物の分筆，合筆または建物の分割，合併等による変更の登記を除く）

③　信託契約にかかる所有権等の移転の登記

　登録免許税の**納税義務者**は，登記等を受ける者である。登記等を受ける者とは，たとえば，不動産に関する登記については登記権利者と登記義務者の双方をいう。また，納税義務者が2人以上であるときは，この両者が連帯して納税義務を負う（登録免許税法3条）。

❷不動産の価額

　不動産登記の場合において課税標準とされる不動産の価額は，その登記の時における**不動産の時価**である。また，不動産の上に所有権以外の権利（地上権等の用益物権や抵当権等の担

□**Challenge**
登録免許税の納税義務者は，登記等を受ける者であり，当該登記を受ける者が2人以上あるときは，これらの者は連帯して納付する義務を負う。

POINT
「不動産の価額」は登記申請時における固定資産課税台帳に登録された価格による（附則7条）

（○）

不動産の登記の登録免許税の税率表

項　　目	内　　容	税　　率
所有権の保存登記		1,000分の4
所有権の移転登記	相続または法人の合併	1,000分の4
	共有物の分割	1,000分の4
	その他の原因	1,000分の20 ただし，令和8年3月31日まで の間に受ける**土地の売買**による 所有権の移転の登記については 1,000分の15
地上権，永小作権，賃借権または砕石権の設定，転貸または移転の登記	設定または転貸	1,000分の10
	相続または法人の合併	1,000分の2
	共有にかかる権利の分割	1,000分の2
	その他の原因	1,000分の10
先取特権の保存，質権，抵当権の設定等の登記	先取特権の保存	1,000分の4
	質権の設定	1,000分の4
	抵当権の設定	1,000分の4
	競売もしくは強制管理等にかかる差押えその他の権利の処分の制限	1,000分の4
仮登記	所有権の移転または所有権の移転請求権の保全	1,000分の10
	その他（本登記の課税標準が不動産の価額であるものに限る）	本登記の税率の2分の1
附記登記，抹消回復登記，更正，変更または抹消登記		不動産1個につき1,000円

保物権）その他の処分の制限が存する場合には，これらの権利がないものとした場合の価額（土地の場合は，いわゆる更地価額）をいうものとされている（同法10条1項）。

❸課税標準

　登録免許税の課税標準は，不動産登記に関するものについてみると，たとえば，相続による所有権の移転の登記のように不動産の価額が課税標準の場合もあれば，仮登記のように不動産の価額または不動産の個数が課税標準の場合もある。また，抵当権の設定の登記のように債権金額が課税標準であることもある（法別表第一の一）。

住宅用家屋に関する登録免許税の税率の軽減措置

項　目	内　容	軽減税率
住宅用家屋の所有権の保存登記の税率の軽減（措法72の2）	個人が，令和9年3月31日までの間に一定の要件に該当する住宅用家屋を**新築**し，または建築後使用されたことのない一定の要件に該当する住宅用家屋を取得して，その個人の居住の用に供した場合で，新築または取得後**1年以内**に受ける**所有権の保存登記**	1,000分の1.5
住宅用家屋の所有権の移転登記の税率の軽減（措法73）	個人が，令和9年3月31日までの間に一定の要件に該当する住宅用家屋を**取得**（**売買**または**競落**に限る）し，その個人の住居の用に供した場合で，取得後**1年以内**に受ける**所有権の移転登記**	1,000分の3
住宅取得資金の貸付け等にかかる抵当権の設定登記の税率の軽減（措法75）	個人が，令和9年3月31日までの間に一定の要件に該当する住宅用家屋の**新築**（増築を含む）をし，または一定の要件に該当する住宅用家屋を**取得**し，その個人の住居の用に供した場合において，これらの住宅用家屋の新築もしくは取得をするための資金の貸付けにかかる債権を担保するための抵当権の設定登記で，新築または取得後**1年以内**に受ける**抵当権の設定登記**	1,000分の1

＊令和9年3月31日までの間に取得された新築の**認定長期優良住宅**（特定認定長期優良住宅），**認定低炭素住宅**については，所有権の保存登記および所有権の移転登記とも1,000分の1に引き下げられる。また，一戸建ての特定認定長期優良住宅は1,000分の2に引き下げられる。（租法74，74の2）

軽減税率が適用される住宅用家屋の要件

使用目的	自己の居住用
家屋の状況	新築，建築後未使用または一定の中古家屋＊の取得（売買または競落による取得に限る） ＊新耐震基準に適合している家屋または昭和57年1月1日以後に建築された家屋
床面積	50㎡以上
登記の期限	新築または取得後1年以内
添付書類	家屋所在地の市区町村長の証明書

❹相続登記の登録免許税の免税措置

　個人が相続（相続人に対する遺贈も含む）により土地の所有権を取得した場合において，当該個人が当該相続による土地の所有権の移転登記を受ける前に死亡したときは，平成30年4月1日から令和7年3月31日までの間に当該個人を当該土地の所有権の登記名義人とするために受ける登記については，登録免許税が課されない（租税特別措置法84条の2の3）。

　すなわち，登記名義人となっている被相続人Ａから相続人Ｂが相続により土地の所有権を取得した場合において（一次相続），その相続登記をしないままＢが亡くなったとき（二次相続）は，Ｂをその土地の登記名義人とするための相続登記（一次相続についての申請）については，登録免許税が免税となる。

16 印 紙 税

⊹R2・R4・R5

❶課税文書

　課税文書とは，印紙税法別表第一（課税物件表）に掲げられている文書（たとえば，不動産の売買契約書，地上権設定または土地賃貸借契約書等）をいう。

　ある文書が課税文書に該当するかどうかについては，その文書の全体を１つとして判断するのではなく，その文書に記載されている個々の内容について判断しなければならない。たとえば，金銭借入申込書に連帯保証人の署名押印がある場合には，その申込書が消費貸借に関する契約書に該当しないものであっても，連帯保証人が署名押印することは，債務の保証に関する契約書にあたることになるので，一般に課税文書に該当しない金銭借入申込書であっても，債務の保証に関する契約書として課税対象となる。

　また，印紙税は，課税文書１通につき一定額の収入印紙をはることになっている。したがって，１つの契約について２通以上の文書が作成された場合であっても，その２通以上の文書が，それぞれの**契約の成立などを証明**する目的で作成されたものであるときは，すべて印紙税の課税対象となる。たとえば，文書の末尾に「本契約の成立を証明するため，本書２通を作成し，各自が署名押印する」と記載し，２通とも当事者が署名押印したときは，契約書が２通作成されたことになるので，２通とも課税文書となる。

POINT
印紙税が課税されるのは，課税文書に限られる

POINT
印紙税の納税義務は，課税文書の作成の時に成立する

　ただし，正本１通だけを作成して，当事者の一方はコピーしたものを所持する場合には，そのコピー文書は単なる手控えにすぎないので，課税対象とはならない。

❷非課税文書

　非課税文書には印紙税は課税されない。その主なものを掲げれば，次のとおりである（印紙税法５条，別表第一）。

① 　国，地方公共団体または日本政策金融公庫，土地改良区，土地区画整理組合，地方住宅供給公社など特殊な法人が作成した文書

　（注）　国等（国，地方公共団体などの非課税法人）と国等以外の者との**共同作成文書**については，**国等が所持する文書は，**他の者が作成して国等に交付したものとみなし，また，**他の者が所持する文書は，**国等が作成して他の者に交付したものとみなして，国等が所持する文書についてだけ課税することとしている（同法４条５項，６項）。

② 　記載金額が１万円未満の不動産，地上権等の譲渡に関する契約書

③ 　手形金額が10万円未満または手形金額の記載のない約束手形および為替手形

④ 　受取金額が５万円未満の売上代金の受取書

⑤ 　金銭または有価証券の受取書で営業に関しないもの

❸契　約　書

　契約書とは，契約（契約の予約を含む）の成立もしくは更改または契約の内容の変更もしくは補充の事実（契約の成立等）を証する文書をいう。念書，覚書などのように，契約の当事者の一方のみが作成する文書または契約の当事者の全部もしくは一部の署名を欠く文書で，当事者間の了解または商慣習に基づき**契約の成立等**を証することとされているものも含まれる。

　申込書，注文書，依頼書等（申込書等）は，一般的には契約の申込み事実を証明する目的で作成されるものであるから契約

□**Challenge**
地方公共団体であるＡ市を売主，株式会社であるＢ社を買主とする土地の譲渡契約書２通に双方が署名押印のうえ，１通ずつ保存することとした場合，Ｂ社が保存する契約書には印紙税が課されない。

POINT
手形金額の記載のない約束手形などは，納付すべき税額が特定されないので非課税とされている

（○）

書ではない。しかし，申込書等と表示された文書であっても**契約の成立等を証明する目的で作成する文書は契約書となる**。たとえば，契約当事者間の基本契約書，規約，約款などに基づく申込みであることが記載されているもので，その申込みによって自動的に契約が成立することとなっている場合の申込書等である。

　また，後日，正式文書を作成することとなっている場合において，一時的に作成する仮文書であっても，当該文書が課税事項を証明する目的で作成するものであるときは，課税文書に該当する（印紙税法基本通達58条）。

❹納税義務者等

　印紙税の納税義務は，課税文書を作成した時に成立し，課税文書の作成者が，その作成した課税文書について，印紙税を納める義務がある。

　課税文書の作成者は，原則として，その文書に記載された作成名義人である。しかし，法人等の役員または従業員がその法人等の業務または財産に関して作成したものについては，役員または従業員が作成名義人となっていても，その法人等が作成者となる。

　一の課税文書を二以上の者が共同して作成した場合には，その二以上の者は，その作成した課税文書につき，**連帯して印紙税を納める義務がある**。この場合，そのうちの1人がその課税文書にかかる印紙税を納付したときは，他の者の納税義務は消滅する。

　また，印紙税は，課税文書の作成者が，当該課税文書の作成の時までに，**税印**による納付の特例等の場合を除いて，当該課税文書に収入印紙を貼付する方法により納付しなければならない（同法8条）。この場合には，自己または代理人，使用人その他の従業者の印章または署名により，その課税文書と印紙の彩紋とにかけて，判明に印紙を消さなければならない（同法施

□**Challenge**
土地を8,000万円で譲渡することを証した覚書を売主Aと買主Bが作成した場合，本契約書を後日作成することを文書上で明らかにしていれば，当該覚書には印紙税が課されない。

POINT
2人以上の者が共同で作成した課税文書については，**連帯納税義務を負う**

POINT
税印とは，財務省令で定める印影の形式を有する印をいう

（×）

行令5条）。

　なお，印紙税を納付すべき課税文書の作成者が，納付すべき印紙税を当該課税文書の作成の時までに納付しなかった場合には，納付しなかった印紙税の額と，その2倍に相当する金額との合計額に相当する**過怠税**が徴収される（同法20条1項）。

❺課税標準と税率

　印紙税の課税標準および税率は，同法の別表第一の各号の課税文書の区分に応じ，同表の課税標準および税率の欄に定めるところであり，これにより1通または1冊の文書ごとに収入印紙を貼ることになる。その主なものを掲げれば，次頁の表のとおりである。

　第1号文書（不動産の譲渡等に関する契約書）と第2号文書（請負に関する契約書）とに該当する文書は，第1号文書とされる。ただし，その文書に契約金額の記載があり，契約金額を第1号文書と第2号文書に区分でき，第1号文書の金額が第2号文書の金額に満たないときは，第2号文書の金額のみを記載金額とする（別表第1　課税物件表の適用に関する通則3ロ）。

　なお，当該文書に**2以上の記載金額**があり，かつ，これらの金額が同一の号に該当する文書により証明されるべき事項にかかるものである場合には，これらの金額の合計額を当該文書の記載金額とする（同通則4イ）。

　契約書のうち，**契約金額を変更する契約書**については，変更前の契約金額を証明した契約書が作成されていることが明らかであることなどを条件として，変更前の契約金額を増加させるものである場合には，その増加額を記載金額としてこれに応じた印紙税額を，また，契約金額を減少させるものである場合には，記載金額がないものとして**定額税率の200円**を，それぞれ収入印紙をはって納付する（同通則4ニ）。

　また，契約金額の記載のある第1号文書（不動産の譲渡等に関する契約書），第2号文書（請負に関する契約書）および受

□**Challenge**
土地の譲渡金額の変更契約書で，「既作成の譲渡契約書に記載の譲渡金額1億円を1億1,000万円に変更する」旨が記載されている場合，その契約書の記載金額は1億1,000万円である。

（×）

主な課税物件と税率（別表第一）

番号	文書の種類	印紙税額（1通につき）	
第1号	**1　不動産の譲渡に関する契約書** 不動産売買契約書，不動産交換契約書，不動産売渡証書など **2　地上権または土地の賃借権の設定または譲渡に関する契約書** 土地賃貸借契約書，賃料変更契約書など **3　消費貸借に関する契約書** 金銭借用証書，金銭消費貸借契約書など	記載された契約金額が1万円未満 〃　　10万円以下 〃　　10万円超50万円以下 〃　　50万円超100万円以下 〃　　100万円超500万円以下 〃　　500万円1千万円以下 〃　　1千万円超5千万円以下 〃　　5千万円超1億円以下 〃　　1億円超5億円以下 〃　　5億円超10億円以下 〃　　10億円超50億円以下 〃　　50億円超 契約金額の記載のないもの	非課税 200円 400円 1千円 2千円 1万円 2万円 6万円 10万円 20万円 40万円 60万円 200円
第2号	請負に関する契約書	同　上	同　上
第17号	**1　売上代金にかかる金銭または有価証券の受取書** 商品販売代金の受取書，不動産の譲渡代金または賃貸料の受取書，請負代金の受取書，広告料の受取書など （注）売上代金とは，資産を譲渡することの対価（不動産の売却代金など），資産を使用させることの対価（不動産賃貸料など），役務を提供することの対価（請負代金，仲介手数料など）をいう **2　金銭または有価証券の受取書で1に掲げる受取書以外のもの**	記載された受取金額が5万円未満 〃　　100万円以下 〃　　100万円超200万円以下 〃　　200万円超300万円以下 〃　　300万円超500万円以下 〃　　500万円1千万円以下 〃　　1千万円超2千万円以下 〃　　2千万円超3千万円以下 〃　　3千万円超5千万円以下 〃　　5千万円超1億円以下 〃　　1億円超2億円以下 〃　　2億円超3億円以下 〃　　3億円超5億円以下 〃　　5億円超10億円以下 〃　　10億円超 受取金額の記載のないもの 営業に関しないもの	非課税 200円 400円 600円 1千円 2千円 4千円 6千円 1万円 2万円 4万円 6万円 10万円 15万円 20万円 200円 非課税

（注）消費税および地方消費税の額（消費税額等）については，消費税額等を区分して記載している場合，または，税込価格および税抜価格が記載されていることにより，その取引にあたって課されるべき消費税額等が明らかである場合には，記載金額に消費税額等を含めないこととされている。

取金額の記載のある第17号文書（金銭または有価証券の受取書）に，消費税および地方消費税の金額（消費税額等）が**区分記載されている場合**（たとえば，請負金額1,100万円，うち消費税額等100万円と記載した場合）または**税込価格および税抜価格が記載されている場合**（たとえば，請負金額1,100万円，税

抜価格1,000万円と記載した場合）で，その取引に当たって課されるべき消費税額等が明らかなときは，消費税額等は記載金額に含めないことにしている。

❻課税物件と記載金額

同法の別表第一に掲げる課税物件および契約書の記載金額の取扱いに関し，主要なものをあげれば次のとおりである。

① **営業の譲渡に関する契約書**（第1号の1文書）……営業活動を構成している動産，不動産，債権，債務等を包括した一体的な権利，財産としてとらえられる営業の全部または一部の譲渡に関する契約書をいう。また，営業譲渡契約書の記載金額は，その営業活動を構成している動産および不動産等の金額をいうのではなく，その営業を譲渡することについて対価として支払われるべき金額をいう。

② **地上権または土地の賃借権の設定または譲渡に関する契約書**（第1号の2文書）……地上権は，他人の土地に工作物または竹木を所有するなどのために，その土地を使用することを内容とする物権である。また，土地の賃借権は，土地の賃貸借契約により設定される権利で，賃借人が賃貸人の土地を使用収益することを内容とするものである。

土地の賃貸借契約書は，土地の賃借権の設定に関する契約書に該当する。この場合の**契約金額**は，権利金，更新料その他名称のいかんを問わず，契約に際して相手方当事者に交付し，後日，返還される予定のない金額のすべてをいう。したがって，返還されることが予定されている保証金，敷金などや賃貸料は，契約金額には該当しない。

③ **土地売買契約書**（第1号の1文書）……売買契約書の記載金額は売買金額である。たとえば，時価1,000万円の土地を900万円で売買する旨の記載がある場合には，1,000万円は評価額で売買金額ではないので，900万円が記載金額となる。

POINT

贈与契約書は「契約金額の記載のない契約書」として200円の印紙税が課税される

□Challenge

「甲土地を5,000万円，乙土地を4,000万円，丙建物を3,000万円で譲渡する」旨を記載した契約書を作成した場合，印紙税の課税標準となる当該契約書の記載金額は，9,000万円である。

（×）

④　**土地交換契約書**（第1号の1文書）……交換契約書の記載金額は交換金額である。また、交換契約書に交換対象物の双方の価額が記載されているときは、いずれか高い方（等価交換の場合は、いずれか一方）の金額を、交換差金のみが記載されているときは、当該交換差金をそれぞれ交換金額とする。

⑤　**金銭または有価証券の受取書**（第17号文書）……金銭または有価証券の受取書とは、金銭または有価証券の引渡しを受けた者が、その受領事実を証明するために作成し、これを引渡者に交付する証拠証書をいう。この受取書には、売上代金にかかる金銭または有価証券の受取書（第17号の1文書）と、売上代金以外の受取書（第17号の2文書）がある。前者は、記載金額に応じた税率が適用されるのに対し、後者は、一通につき200円の定額税率が適用される。ただし、記載された受取金額が**5万円未満の受領書および営業に関しない受取書は非課税文書**である。

❼税率の特例

令和9年3月31日までの間に作成された**不動産譲渡契約書**（第1号の1文書）のうち、これらの契約書に記載された**契約金額が10万円を超えるもの**にかかる税率は、次のとおり軽減されている（租税特別措置法91条1項）。

□**Challenge**
個人が生活の用に供している自宅の土地建物を譲渡し、代金5,000万円を受け取った際に作成する領収証は、営業に関しない受取書に該当するので印紙税は課税されない。

不動産譲渡契約書にかかる印紙税の税率の特例措置

契約金額	本則税率	軽減税率
10万円を超え50万円以下のもの	400円	200円
50万円を超え100万円以下のもの	1,000円	500円
100万円を超え500万円以下のもの	2,000円	1,000円
500万円を超え1,000万円以下のもの	1万円	5,000円
1,000万円を超え5,000万円以下のもの	2万円	1万円
5,00万円を超え1億円以下のもの	6万円	3万円
1億円を超え5億円以下のもの	10万円	6万円
5億円を超え10億円以下のもの	20万円	16万円
10億円を超え50億円以下のもの	40万円	32万円
50億円を超えるもの	60万円	48万円

（○）

2 地 方 税

1 不動産取得税

↩ R2・R3・R5

POINT
不動産を取得した者
に対し，都道府県が
課する普通税である

❶納税義務者

不動産取得税の納税義務者は，不動産を取得した者である（地方税法73条の2）。したがって，土地（田，畑，宅地など）または家屋（住宅，店舗，工場，倉庫など）を売買，贈与，交換，新築，改築などによって取得した者が納税義務者となる。

❷非課税の範囲

次のような不動産の取得に対しては，不動産取得税は**非課税**とされている（同法73条の3，73条の4）。

① 国，非課税独立行政法人および国立大学法人ならびに都道府県，市町村，これらの組合および財産区などの不動産の取得

② 公団，宗教法人，学校法人，社会福祉法人などの公益法人が，その本来の目的の用に供する不動産の取得

③ 公共用道路の用に供するための不動産の取得または保安林，墓地，水道用地などの用に供するための土地の取得

また，次に掲げる不動産の移転のように，**形式的に行われた移転**に対しても，不動産取得税は**非課税**とされている（同法73条の7）。

① 相続による不動産の取得

② 法人の合併または法人の分割（一定の要件を満たしている場合に限る）による不動産の取得

③ 法人が新たに法人を設立するために現物出資を行う場合における不動産の取得

④ 共有物の分割による不動産の取得（当該不動産の取得者の分割前の当該共有物にかかる持分の割合を超える部分の

□**Challenge**
不動産取得税は，相続による不動産の取得についても課税される。

(×)

取得は除かれる）

⑤　委託者から受託者に信託財産を移す場合における不動産の取得

⑥　委託者のみが信託財産の元本の受益者である信託により受託者から元本の受益者に信託財産を移す場合における不動産の取得

❸不動産の取得

不動産の取得とは，不動産の所有権を現実に取得することをいい，有償，無償を問わない。また，取得の時期は，契約内容等から総合的に判断して現実に所有権を取得したと認められるときによるものとされ，所有権の取得に関する登記の有無は問わないものとしている。

また，次に掲げるものは**取得があったものとみなされる**。

参考
宅地建物取引業者等が分譲する建売住宅などについては，家屋の新築が令和8年3月31日までの間に行われたときに限り「6か月」が「1年」となる（地方税法附則10条の3）

①　家屋が新築された場合においては，当該家屋について最初の使用または譲渡が行われた日において家屋の取得があったものとみなされる。ただし，新築してから**6か月を経過しても**，なおその家屋について最初の使用または譲渡のないときは，6か月を経過した日に取得したものとみなし，当該家屋の所有者が取得したとみなされる（同法73条の2第2項ただし書）。

②　家屋を改築したことにより，その価格が増加したときは，当該改築をもって取得したものとみなされる（同条3項）。

❹課税標準

POINT
家屋の改築を行った場合には，その改築によって増加した価格が課税標準となる

不動産取得税の課税標準は，不動産を取得した時におけるその不動産の価格である。また，家屋の改築をもって取得とみなした場合には，改築により増加した価格である（同法73条の13）。

不動産とは，土地および家屋の総称で，**土地**とは，田，畑，宅地，塩田，鉱泉地，池沼，山林，牧場，原野その他の土地をいい，**家屋**とは，住宅，店舗，工場，倉庫その他の建物をいう

（同法73条）。**住宅**とは，人の居住の用に供する家屋または家屋
のうち人の居住の用に供する部分で，別荘以外のものをいう。

　不動産の価格は，固定資産課税台帳に登録されている不動産
については，その登録価格による。また，固定資産課税台帳に
登録されていない不動産および増築，改築，損壊，地目の変換
等特別の事情があるためその登録価格によることが不適当であ
る不動産については，総務大臣が定める固定資産評価基準に
よって都道府県知事が決定する（同法73条の21）。

❺課税標準の特例

● 新築住宅の場合

　50㎡（共同住宅等一戸建以外の貸家住宅における区分建物の
専有部分にあっては40㎡）以上240㎡以下の新築住宅を取得し
た場合には，1戸につき1,200万円（認定長期優良住宅につい
ては，令和8年3月31日までの間に取得した場合に限り1,300
万）を不動産の価格から控除した残額を課税標準とする。な
お，共同住宅，寄宿舎等にあっては，居住の用に供するため独
立して区画された部分ごとに1戸として算定する（同法73条の
14第1項，附則11条8項，同法施行令37条の16）。

● 既存住宅の場合

　個人が，自己の居住の用に供する既存住宅のうち次に掲げる
要件に適合する住宅（耐震基準適合既存住宅）を取得した場合
にも，住宅の新築日に応じて，不動産の価格から一定額（最大
1,200万円）が控除される（同法73条の14第3項，同法施行令
37条の18）。

① 床面積が50㎡以上240㎡以下
② 取得者自身が居住する住宅
③ 昭和57年1月1日以後に新築されたものであること（昭
和56年12月31日以前に新築された住宅であっても，取得日
の前2年以内に耐震診断によって地震に対する安全性にか
かる基準に適合していることの証明がなされたもの）

（○）

□**Challenge**
共有物の分割による
不動産の取得につい
ては，当該不動産の
取得者の分割前の当
該共有物に係る持分
の割合を超えなけれ
ば不動産取得税が課
されない。

POINT
一定の新築住宅につ
いては，その価格か
ら1戸につき1,200
万円が控除される

❻住宅用地の取得に対する不動産取得税の減額

● 新築住宅用地の特例

　次のいずれかに該当する**新築住宅用地**については，その土地に対する不動産取得税額から，**150万円**か，**新築住宅の床面積の2倍の面積（1戸当たり200㎡を限度とする）の土地の価格**のいずれか高い額に税率を乗じた額が減額される（同法73条の24第1項）。

① 　土地を取得した日から**2年以内**に当該土地の上に特例適用住宅が新築された場合（取得者が当該土地を当該特例適用住宅の新築の時まで引き続き所有している場合または当該特例適用住宅の新築が当該取得者から当該土地を取得した者により行われる場合に限られる）

② 　土地を取得した者が，当該土地を**取得した日前1年**の期間内に，当該土地の上に特例適用住宅を新築していた場合

③ 　新築された特例適用住宅で，まだ人の居住の用に供されたことのないものおよび当該特例適用住宅にかかる土地を当該特例適用住宅が**新築された日から1年以内**に取得した場合

④ 　住宅を購入して譲渡する者で政令で定めるもの（勤労者財産形成促進法で定める事業主など）が購入した特例適用住宅（新築された日から**6月以内**に購入した特例適用住宅で，まだ人の居住の用に供されたことのないものに限る）および当該特例適用住宅にかかる土地を当該特例適用住宅の当該購入の日から**1年以内**にその者から取得した場合

● 耐震基準適合既存住宅用地の特例

　次に該当する**耐震基準適合既存住宅用地**についても，上記と同様，その土地に対する不動産取得税額から，**150万円**か，**耐震基準適合既存住宅の床面積の2倍（1戸当たり200㎡を限度とする）の土地の価格**のいずれか高い額に税率を乗じた額が減額される（同条2項）。

□**Challenge**
一定の住宅の用に供する土地を取得した場合には，その土地に対する不動産取得税の算定について，課税標準額から150万円が控除される。

（×）

① 土地を取得した者が，その土地を取得した日から１年以内にその土地の上にある耐震基準適合既存住宅を取得した場合

② 土地を取得した者が，その土地を取得した日前１年の期間内にその土地の上にある耐震基準適合既存住宅を取得していた場合

❼税率および課税標準の特例

不動産取得税の標準税率は，地方税法73条の15で４％と定められているが，令和９年３月31日までの間に住宅または土地を取得した場合には，３％とする特例措置がとられている（同法附則11条の２）。

また，宅地および宅地比準土地（市街化区域農地，雑種地などで，評価上宅地に類似する土地）の取得に対する不動産取得税の課税標準は，当該取得が令和９年３月31日までの間に行われた場合に限り，当該土地の価格の２分の１の額とすることになっている（同法附則11条の５第１項）。

❽免税点

課税標準となるべき額が，土地の取得にあっては10万円，家屋の取得のうち建築にかかるものにあっては１戸につき23万円，その他のものにあっては１戸につき12万円に満たないときは課税されない（同法73条の15の２第１項）。

なお，土地の取得者がその土地を取得した日から１年以内にその土地に隣接する土地を取得した場合，または家屋の取得者がその家屋を取得した日から１年以内にその家屋と一構となるべき家屋を取得した場合においては，それぞれの前後の取得にかかる土地または家屋の取得をもって１つの土地または１戸の家屋を取得したものとみなして免税点を適用する（同条２項）。

❾税額の計算と納付

不動産取得税の税額は，次の算式によって計算する。

課税標準（不動産の価格）×税率＝不動産取得税額

POINT
不動産取得税の免税点は，その不動産の価格によって定められているので，面積の大小は問わない

□**Challenge**
不動産取得税の免税点は，土地につき10万円未満，家屋の建築は23万円未満，その他のもの12万円未満である。

（○）

不動産取得税の概要

項　目	内　　容
課税主体	都道府県
納税義務者	不動産の取得者
課税方式	課税客体：不動産の取得 徴収方法：普通徴収の方法による
課税標準	固定資産課税台帳に登録された固定資産の評価額
税　　率	標準税率：本則4％ 〈税率の特例〉 　土地（住宅・非住宅）　3％（令和9年3月31日まで） 　建物（住宅）　　　　　3％（令和9年3月31日まで）
課税標準および税率の特例	〈住宅・住宅用地の特例〉 　住宅　　　課税標準の特例措置（新築住宅→1,200万円，中古住宅 　　　　　　→住宅の建築時期により最高1,200万円まで控除） 　住宅用地　税額の減額措置（150万円または床面積の2倍の面積 　　　　　　（200㎡限度）に相当する土地の価格のいずれか大きい 　　　　　　額に税率を乗じて得た額を減額） 〈住宅用地・商業地等の特例〉 　住宅用地，商業地等の取得にかかる課税標準としての価格を，評 　価額の2分の1に圧縮（令和9年3月31日まで）

　不動産を取得した者は，当該都道府県の条例の定めるところにより，不動産の取得の事実等を文書により，不動産所在地の市町村長を経由して都道府県知事に申告しなければならない（同法73条の18）。また，不動産取得税の徴収は，普通徴収の方法によるので，納税通知書に記載されている納期限までに税金を納付しなければならない（同法73条の17）。

□**Challenge**
宅地の取得に係る不動産取得税の課税標準は，当該取得が令和9年3月31日までに行われた場合，当該宅地の価格の4分の1の額とされる。

2　固定資産税

⟲R1・R2・R3・R4
POINT
固定資産税は，固定資産の所有者に対し，市町村が課する普通税である

❶納税義務者

　固定資産税の納税義務者は，賦課期日（毎年1月1日）現在における固定資産の所有者である（地方税法343条，359条）。

　ただし，国や地方公共団体に対しては固定資産税を課さない。また，公共の用に供する道路，用悪水路，墓地および宗教法人の境内地，学校法人等が設置する教育の用に供する固定資産等

（×）

は，一般に非課税である（同法348条）。

　また，**固定資産の所有者**とは，土地または家屋については，賦課期日現在において，土地登記簿もしくは土地補充課税台帳または建物登記簿もしくは家屋補充課税台帳に所有者として登記または登録されている者をいい，償却資産については，同様に償却資産課税台帳に所有者として登録されている者をいう（同法343条2項・3項）。

　ただし，次のような例外がある。

①　土地または家屋について，所有者として登記または登録されている個人が賦課期日前に死亡したとき，もしくは土地または家屋の所有者として登記または登録されている法人が同日前に消滅したとき，または土地，家屋の所有者として登録されている国や地方公共団体等が同日前に所有者でなくなったときは，同日において**その土地や家屋を現に所有している者**が納税義務者となる（同条2項）。

②　固定資産の所有者の所在が，震災，風水害，火災その他の事由により不明である場合には，**賦課期日現在において現に使用している者**が所有者（納税義務者）とみなされる（同条4項）。

③　土地区画整理事業または土地改良事業の施行区域内の仮換地等については，換地処分の公告がある日または換地計画の認可の公告がある日までの間は，**従前の土地の所有者**が，また，換地処分の公告があった日または換地計画の認可の公告があった日から換地または保留地を取得した者が土地登記簿に所有者として登記される日までの間は，**当該換地または保留地を取得した者**を所有者（納税義務者）とみなすことができる（同条6項）。

❷課税標準

　土地または家屋に対して課する**固定資産税の課税標準**は，基準年度にかかる賦課期日に所在する土地または家屋について

POINT

質権または100年より長い地上権のある土地については，その質権者または地上権者が所有者となる（地方税法343条1項かっこ書）

□**Challenge**

年度の途中において土地の売買があった場合の当該年度の固定資産税は，売主と買主がそれぞれその所有していた日数に応じて納付しなければならない。

POINT

所有者不明土地対策として，登記名義人等が死亡している場合に，現所有者に申告させることができる制度の創設および固定資産の使用者を所有者とみなして課税できる制度が拡大された（令和2年度税制改正）

（×）

は，当該賦課期日における価格（3年ごとに到来する基準年度ごとに土地や家屋の評価替えが行われる）で，土地課税台帳もしくは土地補充課税台帳，または家屋課税台帳もしくは家屋補充課税台帳に登録されたものである（同法349条1項）。

　固定資産とは，土地，家屋および償却資産の総称で，**土地**とは，田，畑，宅地，塩田，鉱泉地，池沼，山林，牧場，原野その他の土地をいい，**家屋**とは，住家，店舗，工場，倉庫その他の建物をいう。（同法341条）。

❸住宅用地の課税標準の特例

● 住宅用地の特例

　もっぱら人の居住の用に供する家屋（専用住宅）またはその一部を人の居住の用に供する家屋で居住部分の割合が4分の1以上である家屋（併用住宅）の敷地の用に供されている土地で，次に掲げるものに対する課税標準は，その**住宅用地の価格**の3**分の1の額**とされている（同法349条の3の2第1項，同法施行令52条の11）。

①　専用住宅の敷地の用に供されている土地……その土地（その専用住宅の床面積の10倍の面積を限度とする）

②　併用住宅の居住部分の割合が4分の1以上であるものの敷地の用に供されている土地……下表の家屋の区分および居住部分の割合の区分に応じ，右欄に掲げる率をその土地の面積（その併用住宅の床面積の10倍の面積を限度とする）に乗じて得た面積に相当する土地

家　　屋		居住部分の割合	率
a	bに掲げる家屋以外の家屋	4分の1以上2分の1未満	0.5
		2分の1以上	1.0
b	地上階数5以上を有する耐火建築物である家屋	4分の1以上2分の1未満	0.5
		2分の1以上4分の3未満	0.75
		4分の3以上	1.0

□**Challenge**
住宅用地に対する固定資産税の課税標準の特例措置は，貸家住宅の用に供されている土地についても適用される。

（○）

● 小規模住宅用地の特例

　住宅用地のうち，次の小規模住宅用地に該当するものに対する課税標準は，その**小規模住宅用地の価格の6分の1の額**とされている（同法349条の3の2第2項）。

区　　　　　分		小規模住宅用地
①住宅用地でその面積が200㎡以下であるもの		その住宅用地
②住宅用地でその面積が200㎡を超えるもの	a　その住宅用地の面積をその住宅用地の上にある住宅の数で除して得た面積が200㎡以下であるもの	その住宅用地
	b　同上200㎡を超えるもの	200㎡にその住居の数を乗じて得た面積に相当する住宅用地

　たとえば，住居戸数が2戸の長屋建て家屋（床面積200㎡の専用住宅）の敷地面積が600㎡の場合，当該家屋の床面積の10倍（200㎡×10）までを限度として住宅用地とされるので，600㎡全部が住宅用地となる。また，住宅用地の面積が200㎡を超え，住居戸数が2戸であるから400㎡（200㎡×2）が小規模住宅用地となり，残りの200㎡（600㎡－400㎡）がその他の住宅用地となる。

❹区分所有にかかる家屋およびその敷地の固定資産税 ────

● 区分所有にかかる家屋

　区分所有にかかる家屋の専有部分に対して課する固定資産税は，区分所有者のそれぞれの専有部分の床面積の全体に対する割合，すなわち，建物の区分所有等に関する法律14条の規定による割合に応じて**家屋全体の税額をあん分した額**を，各区分所有者の税額として納付しなければならない。したがって，地方税法10条の2第1項に規定する共有物等に対する**連帯納税義務は負わない**ことになる（同法352条）。

● 区分所有にかかる家屋の敷地

　区分所有にかかる家屋の敷地（共用土地）に対して課する固

（×）

定資産税は，次に掲げる要件を満たすものについては，**当該共用土地全体の税額を持分の割合によってあん分した額**を，当該共用土地にかかる固定資産税として個別に納付しなければならない。したがって，区分所有にかかる家屋と同様に連帯納税義務は課されない（同法352条の2）。

① 　区分所有にかかる家屋の敷地であること。

② 　当該共用土地にかかる区分所有にかかる家屋の区分所有者全員によって共有されているものであること。

③ 　当該共用土地にかかる各共用土地納税義務者（共用土地にかかる家屋の各区分所有者）の当該共用土地にかかる持分の割合が，その者の当該共用土地にかかる区分所有にかかる家屋の区分所有者全員の共有に属する共用部分にかかる建物の区分所有等に関する法律第14条の規定による割合と一致するものであること。

なお，上記③の要件に該当しない共用土地の場合には，当該共用土地にかかる共用土地納税義務者全員の合意により定めた一定の割合によって，当該共用土地にかかる固定資産税額をあん分することを**市町村長に申し出**て，市町村長が当該割合によりあん分することが**適当であると認めた**ときは，その割合によってあん分した額を，その共用土地の固定資産税として納付しなければならない（同条5項）。

❺免税点

固定資産税の課税標準となるべき額が，土地にあっては**30万円**，家屋にあっては**20万円**，償却資産にあっては150万円に満たない場合には，固定資産税は課税されない。ただし，市町村は，財政上その他特別の必要がある場合には，条例の定めるところによって，その額が，それぞれ30万円，20万円または150万円に満たないときであっても，固定資産税を課することができる（同法351条）。

❻固定資産課税台帳の閲覧および記載事項の証明書の交付

　市町村は，固定資産の状況および固定資産税の課税標準である固定資産の価格を明らかにするため，固定資産課税台帳を備えなければならない（同法380条）。

　市町村長は，納税義務者その他の政令で定める者の求めに応じ，固定資産課税台帳のうちこれらの者にかかる固定資産に関する事項が記載をされている部分またはその写しをこれらの者の閲覧に供しなければならない（同法382条の2）。

　市町村長は，固定資産税の納税者または賃借権者等の請求があったときは，これらの者にかかる固定資産に関して固定資産課税台帳に記載をされている事項についての証明書を交付しなければならない（同法382条の3）。

❼土地価格等縦覧帳簿および家屋価格等縦覧帳簿の縦覧

　市町村長は，**毎年3月31日**までに，固定資産税を課することができる土地および家屋について，所在等と価格を記載した**土地価格等縦覧帳簿**および**家屋価格等縦覧帳簿**を作成しなければならない（同法415条）。

　市町村長は，固定資産税の納税者が，その納付すべき当該年度の固定資産税にかかる土地または家屋について土地課税台帳等または家屋課税台帳等に**登録**された**価格**と当該土地または家屋が所在する市町村内の**他の土地または家屋の価格**とを**比較**することができるよう，毎年4月1日から，4月20日または当該年度の最初の納期限の日のいずれか遅い日以後の日までの間，土地価格等縦覧帳簿および家屋価格等縦覧帳簿を固定資産税の納税者の縦覧に供しなければならない（同法416条）。

　固定資産税の納税者は，その納付すべき当該年度の固定資産税にかかる固定資産について，固定資産課税台帳に登録された事項について不服がある場合には，固定資産の価格等のすべてを登録した旨を公示した日から納税通知書の交付を受けた日後**60日**までの間に，固定資産評価審査委員会に審査の申出をし，

POINT

固定資産税の納税者の所有する固定資産や，借地・借家人等は，使用収益の対象となる部分について，いつでも固定資産課税台帳の内容を閲覧できる

POINT

固定資産税の納税者は，当該市町村の全域の土地・家屋（土地のみを所有する場合は土地，家屋のみの場合は家屋）の価格を縦覧できる

POINT

市町村長は，固定資産税台帳に登録された価格等に重大な錯誤があることを発見した場合には，直ちに決定された価格等を修正して登録しなければならない（417条1項）

73

その決定に不服があるときは，取消しの訴えを提起することができる（同法432条，434条）。

❽新築住宅に対する固定資産税の減額

令和8年3月31日までの間に新築された住宅（床面積50㎡以上280㎡以下）に対する固定資産税については，その新築住宅について新たに固定資産税が課税されることとなった年度から3年度分に限り，通常の方法によって計算したその住宅の固定資産税額から，その固定資産税額（120㎡までの居住部分に対応する税額に限る）の2分の1相当額が減額される（同法附則15条の6第1項）。

また，中高層耐火建築物（地上3階以上の耐火構造または準耐火構造の建築物をいう）についても，新築後5年度分（認定長期優良住宅については7年度分）に限り，その住宅部分にかかる固定資産税額の2分の1相当額が減額される（同条2項，15条の7第1項）。

❾税額の計算と納付

①　固定資産税の標準税率は，100分の1.4である。すなわち，課税標準に100分の1.4を乗じたものが税額となる（同法350条）。

②　固定資産税の徴収は，普通徴収の方法によるので，納税義務者は納税通知書に記載の納期限までに税金を納付しなければならない。なお，納期は，4月，7月，12月および2月中において，当該市町村の条例で定めることとされているが，特別の事情がある場合においては，これと異なる納期を定めることができる（同法362条）。

POINT
新築住宅については，3年度分（認定長期優良住宅は7年度分）に限り固定資産税額の2分の1相当額が減額される

□Challenge
令和6年度中に新築された木造2階建ての住宅については，新築後5年度間に限り，固定資産税額の3分の1が減額される。

POINT
市町村は，100分の1.4を超える税率を条例で定めることができる

（×）

第 **②** 編

宅地および建物の価格の評定

 **傾向と対策**

- この分野では，「宅地および建物の価格の評定に関すること」が出題範囲とされている。

- 出題数は50問中1問で，地価公示法では，標準地の価格の判定と公示，公示価格の効力などを重視すべきである。また，不動産鑑定評価基準では，鑑定評価の三方式，事情補正の仕方と再調達原価の求め方，土地および宅地見込地の鑑定評価の方法などに注意しなければならない。

- 関連する法律などは，地価公示法および不動産鑑定評価基準である。

1 地価公示法

1 目的と責務

⊕R1・R3

　　地価公示法は，都市およびその周辺の地域等において，標準地を選定し，その正常な価格を公示することによって，一般の土地の取引価格に対して指標を与え，および公共の利益となる事業の用に供する土地に対する適正な補償金の額の算定等に資し，もって適正な地価の形成に寄与することを目的としている（1条）。

　　また，都市およびその周辺の地域等において，**土地の取引を行う者**は，取引の対象土地に類似する利用価値を有すると認められる**標準地**について**公示された価格**を指標として取引を行うように努めなければならない（1条の2）。

> **POINT**
> 一般の土地の取引は，なるべく公示価格を指標（参考）として取引するよう努めなければならない

2 地価の公示の手続

⊕R1・R4

❶標準地の価格の判定等

　　土地鑑定委員会は，都市計画区域その他の土地取引が相当程度見込まれる区域（規制区域を除く。以下，「公示区域」という）について地価公示を行うこととし，国土交通大臣が定める**公示区域内の標準地**について，毎年1回，国土交通省令で定めるところにより，2人以上の不動産鑑定士の鑑定評価を求め，その結果を審査し，必要な調整を行って，一定の基準日における当該標準地の単位面積当たりの正常な価格を判定し，これを公示する（2条1項）。

　　ここでいう**正常な価格**とは，土地について，自由な取引が行われるとした場合におけるその取引において，通常成立すると認められる価格をいう。

> **POINT**
> 公示区域内の標準地について，地価公示を行う

ただし，農地，採草放牧地または森林の取引で，農地が農地として，あるいは採草放牧地が採草放牧地として取引される場合などは除かれるが，農地，採草放牧地および森林以外のものとするための取引は含まれる。

また，当該土地に建物その他の定着物がある場合または地上権その他当該土地の使用もしくは収益を制限する権利が存する場合（いわゆる底地の場合）には，これらの**定着物**または**権利**が存在しないものとして通常成立すると認められる価格（いわゆる更地の価格）によることになっている（同条2項）。

なお，ここで判定され，公示されるのは，**毎年1月1日現在**の**標準地の価格**であり，また，他の土地との比較に便利なように単位面積（㎡）当たりの価格とされている。

❷標準地の選定と鑑定評価の基準 ─────────

地価公示の対象となる標準地は，土地鑑定委員会が選定するが，この場合には，自然的および社会的条件からみて類似の利用価値を有すると認められる地域において，土地の利用状況，環境等が通常と認められる一団の土地について選定する（3条）。

不動産鑑定士が**標準地の鑑定評価**を行うにあたっては，①近傍類地の取引価格から算定される推定の価格，②近傍類地の地代等から算定される推定の価格，③同等の効用を有する土地の造成に要する推定の費用の額を勘案して行わなければならない（4条）。

標準地の鑑定評価を行った不動産鑑定士は，土地鑑定委員会に対し，標準地の所在の市区町村等および地番，標準地の地積および形状，標準地およびその周辺の土地の利用の現況，鑑定評価額および価格判定の基準日，標準地の単位面積当たりの価格および価格判定の基準日，鑑定評価額の決定の理由の要旨，鑑定評価を行なった不動産鑑定士の氏名および住所等を記載した**鑑定評価書**を提出しなければならない（5条，則4条）。

□**Challenge**
公示価格は，標準地に建物その他の定着物がある場合にはその定着物が存するものとして，自由な取引が行われるとした場合におけるその取引において通常成立すると認められる当該標準地の正常な価格である。
POINT
標準地の公示価格は，1月1日現在の1㎡当たりの正常価格で公示される
POINT
標準地の選定は，土地鑑定委員会が行う

（×）

❸標準地の価格等の公示

　土地鑑定委員会は，標準地の単位面積当たりの正常な価格を判定したときは，すみやかに，次に掲げる事項を官報で公示しなければならない（6条）。

① 標準地の所在の郡，市，区，町村および字ならびに地番

② 標準地の単位面積当たりの価格および価格判定の基準日

③ 標準地の地積および形状

④ 標準地およびその周辺の土地の利用の現況

⑤ その他国土交通省令で定める事項

　また，関係市町村の長は，その属する都道府県に所在する標準地に関する公示事項を記載した書面および図面を土地鑑定委員会から送付を受けて，これをその**事務所において一般の閲覧に供**しなければならない（7条）。

POINT
公示された標準地の単位面積当たり（㎡）の価格等は，市町村の事務所において一般の閲覧に供される

□**Challenge**
土地鑑定委員会は，標準地の価格の総額を官報で公示する必要はない。

3　公示価格の効力

◈R3・R4

❶不動産鑑定士の土地についての鑑定評価の準則

　不動産鑑定士は，公示区域内の土地について鑑定評価を行う場合において，当該土地の正常な価格を求めるときは，土地鑑定委員会が公示した**標準地の価格（公示価格）を規準**としなければならない（8条）。

❷公共事業の用に供する土地の取得価格の算定の準則

　土地収用法その他の法律によって土地を収用することができる**公共事業の施行者**は，公示区域内の土地を公共事業の用に供するため取得する場合（当該土地に地上権その他当該土地の使用または収益を制限する権利が存する場合には，当該土地を取得し，かつ，当該権利を消滅させる場合）において，当該土地の取得価格（当該土地に地上権その他当該土地の使用または収益を制限する権利が存する場合には，当該権利を消滅させるための対価を含む）を定めるときは，**公示価格を規準**としなけれ

POINT
次の場合は，公示価格を規準としなければならない
①不動産鑑定士が行う鑑定評価
②公共事業用地の取得価格の算定
③収用土地の補償金の算定

（○）

ばならない（9条）。

❸収用する土地に対する補償金の額の算定の準則

収用する土地またはその土地に関する所有権以外の権利に対する補償の額は，土地収用法71条の規定により「近傍類地の取引価格等を考慮して算定した事業の認定の告示の時における相当な価格に，権利取得裁決の時までの物価の変動に応ずる修正率を乗じて得た額とする」ことになっている。この場合，公示区域内の土地について上記の**事業の認定の告示の時における相当な価格**を算定するときは，**公示価格を規準として算定した当該土地の価格を考慮しなければならない**（10条）。

❹規準することの意義

公示価格を規準とするとは，対象土地の価格（当該土地に建物等がある場合または地上権等が存在する場合には，これらの建物等または権利が存在しないものとして成立すると認められる価格）を求めるに際して，当該対象土地とこれに類似する利用価値を有すると認められる一または二以上の標準地との位置，地積，環境等の土地の客観的価値に作用する諸要因についての比較を行い，その結果に基づいて，**当該標準地の公示価格と当該対象土地の価格との間に均衡を保たせることをいう**（11条）。

4 土地鑑定委員会

地価公示法および不動産の鑑定評価に関する法律などに基づく権限を担当する機関として，国土交通省に**土地鑑定委員会**が置かれている。また，委員会は，その所掌事務を行うため必要があると認めるときは，関係行政機関の長および関係地方公共団体に対し，資料の提出，意見の開陳，説明その他必要な協力を求めることができる（12条）。

なお，**土地鑑定委員会は委員7人**（うち6人は非常勤，1人

□**Challenge**
土地収用法の規定により，収用委員会が，地価公示の実施されている区域内の収用される土地について，補償金算定の基準となる事業認定の告示のときにおける相当な価格を算定するにあたっては，公示価格を規準として算定した当該土地の価格を考慮しなければならない。

POINT
委員は両議院の同意を得て，国土交通大臣が任命する

（○）

は常勤である）をもって組織されている（14条）。委員は，不動産の鑑定評価に関する事項または土地に関する制度について学識経験を有する者のうちから，**両議院の同意を得て，国土交通大臣**が任命する（15条１項）。

□**Challenge**
土地鑑定委員会の委員は，不動産の鑑定評価に関する事項または土地に関する制度について学識経験を有する者のうちから，両議院の同意を得て，国土交通大臣が任命する。

5　雑　　則

❶土地の立入り

土地鑑定委員会の委員または委員会の命令を受けた者もしくは委任を受けた者は，**標準地の鑑定評価，価格の判定，標準地の選定**のために必要があるときは，**他人の占有する土地に立ち入る**ことができる（22条１項）。また，**国土交通大臣**は，この立ち入りによって他人に損失を与えたときは，その損失を受けた者に対して通常生ずべき**損失を補償**しなければならない（23条１項）。

❷その他の規定

標準地の鑑定評価を行った不動産鑑定士に対しては，秘密を守る義務が課されている（24条）。

また，土地鑑定委員会は，標準地の鑑定評価のため必要があるときは，不動産鑑定士に対して，標準地の鑑定評価を命ずることができる（25条１項）。

（○）

2 不動産鑑定評価基準

1 不動産の価格と鑑定評価

❶不動産の価格の形成

不動産の価格は，一般に，

① その不動産に対して，われわれが認める**効用**

② その不動産の**相対的稀少性**

③ その不動産に対する**有効需要**

の三者の相関結合によって生ずる不動産の経済価値を，貨幣額をもって表示したものである。そして，この不動産の経済価値は，基本的にはこれら三者を動かす自然的，社会的，経済的および行政的な要因の相互作用によって決定される（総論第1章第1節）。

❷不動産の種別および類型

不動産の鑑定評価においては，不動産の地域性ならびに有形的利用および権利関係の態様に応じた分析を行うことが必要であり，その地域の特性等に基づく不動産の種類ごとに検討することが重要である。

不動産の種類とは，不動産の種別および類型の二面から成る複合的な不動産の概念を示すもので，この不動産の種別および類型が不動産の経済価値を本質的に決定づけるものである（総論第2章）。

● 不動産の種別

不動産の種別とは，その用途に関して区分される不動産の分類をいう。地域の種別は，宅地地域，農地地域，林地地域等に分けられる。また，土地の種別は，地域の種別に応じて分類される土地の区分であり，宅地，農地，林地，見込地（ある種別の地域から他の種別の地域へと転換しつつある地域内の土

□**Challenge**
不動産の価格を形成する要因とは，不動産の効用および相対的稀少性ならびに不動産に対する有効需要の三者に影響を与える要因をいい，不動産の鑑定評価を行うに当たっては，明確に把握し，十分に分析することが必要である。

（○）

81

地），移行地（細分されたある種別の地域から他の種別の地域
へと移行しつつある地域内の土地）等に分けられる。

● **不動産の類型**

　不動産の類型とは，その有形的利用および権利関係の態様に
応じて区分される不動産の分類をいう。たとえば，宅地の類型
は，その有形的利用および権利関係の態様に応じて，更地，建
付地，借地権，底地，区分地上権等に分けられる。建物および
その敷地の類型は，その有形的利用および権利関係の態様に応
じて，自用の建物およびその敷地，貸家およびその敷地，借地
権付建物，区分所有建物およびその敷地等に分けられる。

❸**不動産の価格を形成する要因** ──────────────

　不動産の価格を形成する要因（価格形成要因）とは，不動産
の効用および相対的稀少性ならびに不動産に対する有効需要の
三者に影響を与える要因をいう（総論第3章）。

　したがって，不動産の鑑定評価を行うにあたっては，価格形
成要因を市場参加者の観点から明確に把握し，かつ，その推移
および動向ならびに諸要因間の相互関係を十分に分析して，前
記三者に及ぼすその影響を判定することが必要である。

　価格形成要因は，一般的要因，地域要因および個別的要因に
分けられる。

● **一般的要因**

　一般的要因とは，一般経済社会における不動産のあり方およ
びその価格の水準に影響を与える要因をいい，自然的要因，社
会的要因，経済的要因および行政的要因に分けられる。

　① 　**自然的要因**……土地の有する本来的な機能（住宅の敷地
　　　として利用したり，農産物の生育の場として利用する）に
　　　影響を与える要因で，地盤や地勢の状態，地理的位置関係
　　　等がある。

　② 　**社会的要因**……社会的事象は，直接，間接に不動産の価
　　　格形成に大きな影響を与えるもので，人口および家族構成

> **POINT**
> 価格形成要因には，
> 一般的要因，地域要
> 因，個別的要因があ
> る

> **POINT**
> 一般的要因には，自
> 然的要因，社会的要
> 因，経済的要因，行
> 政的要因がある

の状態，公共施設の整備の状態等がある。

③ **経済的要因**……経済情勢の変化は，直接，間接に不動産の価格形成に大きな影響を与えるもので，貯蓄，消費および投資の水準，財政および金融の状態，税負担の状態等がある。

④ **行政的要因**……行政的要因のいかんによっては，不動産の価格形成に大きな影響を与えるもので，土地利用に関する計画および規制の状態，土地および建築物の構造，防災等に関する規制の状態等がある。

● 地域要因

地域要因とは，一般的要因の相関結合によって規模，構成の内容，機能等にわたる各地域の特性を形成し，その地域に属する不動産の価格の形成に全般的に影響を与える要因をいう。たとえば，住宅地域では，街路の幅員，構造等の状態，商店街の配置の状態等があり，商業地域では，商業背後地および顧客の質と量，営業の種別および競争の状態等がある。

● 個別的要因

個別的要因とは，不動産に個別性を生じさせ，その価格を個別的に形成する要因をいい，土地に関する個別的要因，建物に関する個別的要因，建物およびその敷地に関する個別的要因がある。

❹不動産の価格に関する諸原則

不動産の価格は，不動産の効用および相対的稀少性ならびに不動産に対する有効需要に影響を与える諸要因の相互作用の基本的な法則性を鑑定評価に必要な指針として認識し，かつ，これらを具体的に現した以下の諸原則を活用すべきである（総論第4章）。

なお，これらの原則は，孤立しているものではなく，相互に関連しているものであることに留意しなければならない。

① **需要と供給の原則**……不動産は他の財と異なる自然的特

（×）

性および人文的特性を有するために，その需要と供給および価格の形成には，これらの特性の反映が認められる。

② 　**変動の原則**……不動産の価格は，多数の価格形成要因の相互因果関係の組合せの流れである変動の過程において形成されるものである。不動産の鑑定評価にあたっては，価格形成要因が常に変動の過程にあることを認識して，各要因間の相互因果関係を動的に把握すべきである。

③ 　**代替の原則**……不動産の価格は，代替可能な他の不動産または財の価格と相互に関連して形成される。

④ 　**最有効使用の原則**……不動産の価格は，その不動産の効用が最高度に発揮される可能性に最も富む使用（最有効使用）を前提として把握される価格を標準として形成されるが，不動産についての現実の使用方法は，必ずしも最有効使用に基づいているものではなく，不合理なまたは個人的な事情による使用方法のために，当該不動産が十分な効用を発揮していない場合があることに留意すべきである。

⑤ 　**均衡の原則**……不動産の収益性または快適性が最高度に発揮されるためには，その構成要素の組合せが均衡を得ていることが必要である。

⑥ 　**収益逓増および逓減の原則**……ある単位投資額を継続的に増加させると，これに伴って総収益は増加する。しかし，増加させる単位投資額に対応する収益は，ある点までは増加するが，その後は減少する。

⑦ 　**収益配分の原則**……土地，資本，労働および経営（組織）の各要素の結合によって生ずる総収益は，これらの各要素に配分され，それ以外の部分は，それぞれの配分が正しく行われる限り，土地に帰属するものである。

⑧ 　**寄与の原則**……不動産のある部分がその不動産全体の収益獲得に寄与する度合いは，その不動産全体の価格に影響を及ぼす。

□**Challenge**

不動産の価格は，その不動産の効用が最高度に発揮される可能性に最も富む使用を前提として把握される価格を標準として形成されるが，これを最有効使用の原則という。

（○）

⑨　**適合の原則**……不動産の収益性または快適性が最高度に発揮されるためには，当該不動産がその環境に適合していることが必要である。

⑩　**競争の原則**……一般に，超過利潤は競争を惹起し，競争は超過利潤を減少させ，終局的にはこれを消滅させる傾向を持つ。不動産の価格も，このような競争の過程において形成される。

⑪　**予測の原則**……財の価格は，その財の将来の収益性等についての予測を反映して定まる。不動産の価格も，価格形成要因の変動についての市場参加者による予測によって左右される。

2　鑑定評価の基本的事項

⇔R3

不動産の鑑定評価にあたっては，**基本的事項**として，対象不動産，価格時点および価格または賃料の種類を確定しなければならない。

POINT
鑑定評価の基本的事項
①対象不動産の確定
②価格時点の確定
③価格または賃料の
　種類の確定

❶対象不動産の確定

●対象確定条件

鑑定評価の対象とする不動産の所在等の物的事項および権利の態様に関する事項の確定にあたって必要となる条件を**対象確定条件**といい，依頼目的に応じて次のような条件がある（総論第5章第1節）。

①　不動産が土地のみの場合または土地および建物等の結合により構成されている場合において，その状態を所与として鑑定評価の対象とすること。

②　不動産が土地および建物等の結合により構成されている場合において，その不動産の構成部分である土地のみを独立のもの（更地）として鑑定評価の対象とすること。

③　不動産が土地および建物等の結合により構成されている

場合において，その状態を所与として，その不動産の構成
部分（建付地または建物）を鑑定評価の対象とすること。

④　不動産の併合または分割を前提として，併合後または分
割後の不動産を単独のものとして鑑定評価の対象とするこ
と。

⑤　造成に関する工事が完了していない土地または建築にか
かる工事が完了していない建物について，当該工事の完了
を前提として鑑定評価の対象とすること。

対象確定条件を設定するにあたって，対象不動産にかかる
諸事項についての調査・確認を行った上で，依頼目的に照らし
て，鑑定評価書の利用者の利益を害するおそれがないかどうか
の観点から当該条件設定の妥当性を確認しなければならない。

● **地域要因または個別的要因についての想定上の条件**

対象不動産について，依頼目的に応じ対象不動産にかかる価
格形成要因のうち地域要因または個別的要因について，**想定上
の条件**を設定する場合があるが，この場合には，依頼により設
定する想定上の条件が鑑定評価書の利用者の利益を害するおそ
れがないかどうかの観点に加え，特に実現性および合法性の観
点から妥当なものでなければならない。

また，一般に，地域要因について想定上の条件を設定するこ
とが妥当と認められる場合は，計画および諸規制の変更，改廃
に権能を有する公的機関が設定する事項が中心となるので，そ
の関係部局から当該条件が実現する可能性について直接確認す
る必要がある。

❷ **価格時点の確定** ─────────────────

価格形成要因は，時の経過により変動するものであるから，
不動産の価格は，その決定の基準となった日においてのみ妥当
するものである。したがって，不動産の鑑定評価にあたっては，
不動産の価格の判定の基準日を確定する必要があり，この日を
価格時点という。また，**賃料の価格時点**は，賃料の算定の期間

不動産の鑑定評価によって求める価格・資料

区分	種類	意　　義
価格	正常価格	市場性を有する不動産について，**現実の社会経済情勢の下で合理的と考えられる条件を満たす市場**で形成されるであろう市場価値を表示する適正な価格をいう。 （条件を満たす市場） 1 市場参加者が自由意思に基づいて市場に参加し，参入，退出が自由であること。 2 取引形態が，市場参加者が制約されたり，売り急ぎ，買い進み等を誘引したりするような特別なものではないこと。 3 対象不動産が相当の期間市場に公開されていること。
	限定価格	市場性を有する不動産について，不動産と取得する他の不動産との併合または不動産の一部を取得する際の分割等に基づき正常価格と**同一の市場概念**の下において形成されるであろう**市場価値と乖離**することにより，市場が相対的に限定される場合における取得部分の当該市場限定に基づく市場価値を適正に表示する価格をいう。 （限定価格を求める場合の例示） 1 借地権者が底地の併合を目的とする売買に関連する場合 2 隣接不動産の併合を目的とする売買に関連する場合 3 経済合理性に反する不動産の分割を前提とする売買に関連する場合
	特定価格	市場性を有する不動産について，法令等による社会的要請を背景とする鑑定評価目的の下で，正常価格の前提となる**諸条件を満たさない**ことにより正常価格と同一の市場概念の下において形成されるであろう市場価値と乖離することとなる場合における不動産の経済価値を適正に表示する価格をいう。 （特定価格を求める場合の例示） 1 資産の流動化に関する法律または投資信託及び投資法人に関する法律に基づく評価目的の下で，投資家に示すための投資採算価値を表す価格を求める場合 2 民事再生法に基づく評価目的の下で，早期売却を前提とした価格を求める場合 3 会社更生法または民事再生法に基づく評価目的の下で，事業の継続を前提とした価格を求める場合
	特殊価格	文化財等の**一般的に市場性を有しない不動産**について，その利用現況等を前提とした不動産の経済価値を適正に表示する価格をいう。 （特殊価格を求める場合の例示） 文化財の指定を受けた建造物，宗教建築物または現況による管理を継続する公共公益施設の用に供されている不動産について，その保存等に主眼をおいた鑑定評価を行う場合
賃料	正常賃料	正常価格と**同一の市場概念**の下において新たな賃貸借等（賃借権もしくは地上権または地役権に基づき，不動産を使用し，または収益することをいう）の契約において成立するであろう経済価値を表示する適正な賃料（新規賃料）をいう。
	限定賃料	限定価格と**同一の市場概念**の下において新たな賃貸借等の契約において成立するであろう経済価値を適正に表示する賃料（新規賃料）をいう。 （限定賃料を求める場合の例示） 1 隣接不動産の併合使用を前提とする賃貸借等に関連する場合 2 経済合理性に反する不動産の分割使用を前提とする賃貸借等に関連する場合
	継続賃料	不動産の賃貸借等の継続にかかる特定の当事者間において成立するであろう経済価値を適正に表示する賃料をいう。

の収益性を反映するものとして，その**期間の期首**となる（総論
第5章第2節）。

❸価格または賃料の種類の確定

　不動産の鑑定評価によって**求める価格**は，基本的には正常価
格であるが，鑑定評価の依頼目的および条件に応じて限定価格，
特定価格または特殊価格を求める場合がある。

　また，不動産の鑑定評価によって**求める賃料**は，一般的には
正常賃料または継続賃料であるが，鑑定評価の依頼目的に対応
した条件により限定賃料を求めることができる場合がある（総
論第5章第3節）。

□**Challenge**
不動産の性格により
一般的に取引の対象
とならない不動産ま
たは依頼目的および
条件により一般的な
市場性を考慮するこ
とが適当でない不動
産の経済価値を適正
に表示した価格を限
定価格という。

3 地域分析と個別分析

❶地域分析の意義

　地域分析とは，その対象不動産がどのような地域に存するか，
その地域はどのような特性を有するか，また，対象不動産にか
かる市場はどのような特性を有するか，およびそれらの特性は
その地域内の不動産の**利用形態**と**価格形成**について全般的にど
のような影響力を持っているかを分析し，判定することをいう
（総論第6章第1節）。

　地域分析にあたってとくに重要な地域は，用途的観点から区
分される地域（用途的地域），すなわち近隣地域およびその類
似地域と，近隣地域およびこれと相関関係にある類似地域を含
むより広域的な地域，すなわち同一需給圏である。

POINT
その地域に存する不
動産の価格水準を判
定するために行う

❷近隣地域

　近隣地域とは，対象不動産の属する用途的地域であって，よ
り大きな規模と内容をもつ地域である都市あるいは農村等の内
部にあって，居住，商業活動，工業生産活動等人の生活と活動
とに関して，ある特定の用途に供されることを中心として，地域
的にまとまりを示している地域をいい，対象不動産の価格の形

（×）

成に関して直接に影響を与えるような特性をもつものである。

❸類似地域

　類似地域とは，近隣地域の地域の特性と類似する特性を有する地域であり，その地域に属する不動産は，特定の用途に供されることを中心として地域的にまとまりをもつものである。この地域のまとまりは，**近隣地域の特性との類似性**を前提として判定されるものである。

❹同一需給圏

　同一需給圏とは，一般に対象不動産と代替関係が成立して，その価格の形成について相互に影響を及ぼすような関係にある**他の不動産の存する圏域**をいう。それは，近隣地域を含んでより広域的であり，近隣地域と相関関係にある類似地域等の存する範囲を規定するものである。

　一般に，近隣地域と同一需給圏内に存する類似地域とは，隣接すると否とにかかわらず，その地域要因の類似性に基づいて，それぞれの地域の構成分子である不動産相互の間に代替，競争等の関係が成立し，その結果，両地域は相互に影響を及ぼすものである。

❺個別分析

● 個別分析の意義

　不動産の価格は，その**不動産の最有効使用**を前提として把握される価格を標準として形成されるものであるから，不動産の鑑定評価にあたっては，対象不動産の最有効使用を判定する必要がある。**個別分析**とは，対象不動産の個別的要因（たとえば，住宅地の場合は，間口，奥行，地積，形状など）が対象不動産の利用形態と価格形成についてどのような影響力をもっているかを分析して，その最有効使用を判定することをいう（総論第6章第2節）。

● 最有効使用の判定

　不動産の最有効使用の判定にあたっては，次の事項に留意す

□**Challenge**
対象不動産の属する地域であって，居住，商業活動等人の生活と活動とに関し，ある特定の用途に供されることを中心として地域にまとまりを示している地域を同一需給圏という。

（×）

べきである。

① 良識と通常の使用能力を持つ人が採用するであろうと考えられる使用方法であること。

② 使用収益が将来の期間にわたって持続し得る使用方法であること。

③ 効用を十分に発揮し得る時点が予測し得ない将来でないこと。

④ 個々の不動産の最有効使用は，一般に近隣地域の地域の特性の制約下にあるので，個別分析にあたっては，特に近隣地域に存する不動産の標準的使用との相互関係を明らかにし判定することが必要であるが，対象不動産の位置，規模，環境等によっては，標準的使用の用途と異なる用途の可能性が考えられるので，こうした場合には，それぞれの用途に対応した個別的要因の分析を行ったうえで最有効使用を判定すること。

⑤ 価格形成要因は常に変動の過程にあることをふまえ，特に価格形成に影響を与える地域要因の変動が客観的に予測される場合には，当該変動に伴い対象不動産の使用方法が変化する可能性があることを勘案して最有効使用を判定すること。特に，建物およびその敷地の最有効使用の判定にあたっては，次の事項に留意すべきである。

⑥ 現実の建物の用途等が更地としての最有効使用に一致していない場合には，更地としての最有効使用を実現するために要する費用等を勘案する必要があるため，建物およびその敷地と更地の最有効使用の内容が必ずしも一致するものではないこと。

⑦ 現実の建物の用途等を継続する場合の経済価値と建物の取壊しや用途変更等を行う場合のそれらに要する費用等を適切に勘案した経済価値を十分比較考量すること。

□Challenge
個別分析とは，対象不動産の個別的要因を分析してその最有効使用を判定することをいう。

(○)

4 鑑定評価の手順

　鑑定評価を行うためには，合理的かつ現実的な認識と判断に基づいた一定の秩序的な手順が必要である。この手順は，一般に次のような作業からなっている（総論第8章）。

① **鑑定評価の基本的事項の確定**……鑑定評価にあたっては，まず，対象不動産，価格時点，価格および賃料の種類を確定しなければならない。

② **依頼者，提出先等および利害関係等の確認**……鑑定評価書の提出先および鑑定評価額が依頼者以外の者へ開示される場合における開示の相手方，依頼者・提出先等と関与不動産鑑定士等との関係を確認する。

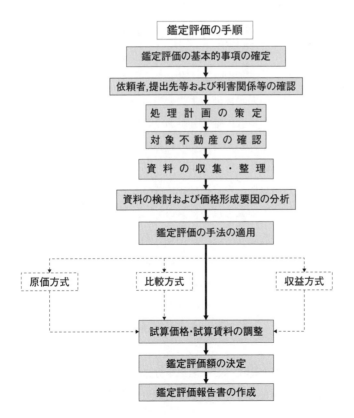

③　**処理計画の策定**……確定された鑑定評価の基本的事項に基づいて，実施すべき作業の性質および量ならびに処理能力に即応して，資料の収集などの各作業にかかる処理計画を策定する。

④　**対象不動産の確認**……対象不動産の物的確認および権利の態様の確認を行う。

⑤　**資料の収集および整理**……鑑定評価に必要な**確認資料**（不動産の物的確認および権利の態様の確認に必要な資料），**要因資料**（価格形成要因に照応する資料），**事例資料**（鑑定評価の方式の適用に必要とされる現実の取引価格，賃料等に関する資料）を収集し，整理する。

⑥　**資料の検討および価格形成要因の分析**……収集された資料が必要にして十分な資料であるか，信頼するに足るものであるかを検討し，これに基づいて，一般的要因の分析，地域分析および個別分析を行って，対象不動産の最有効使用を判定する。

⑦　**鑑定評価の手法の適用**……鑑定評価の手法を当該案件に即して適切に適用する。この場合，地域分析および個別分析により把握した対象不動産にかかる市場の特性等を適切に反映した複数の鑑定評価の手法を適用すべきであり，対象不動産の種類，所在地の実情，資料の信頼性等により複数の鑑定評価の手法の適用が困難な場合においても，その考え方をできるだけ参酌するように努めるべきである。

⑧　**試算価格または試算賃料の調整**……鑑定評価の複数の手法により求められた各試算価格または試算賃料の再吟味および各試算価格または試算賃料が有する説得力にかかる判断を行い，鑑定評価における最終判断である鑑定評価額の決定を導く作業である。

⑨　**鑑定評価額の決定**……以上に述べた手順を十分に尽した後に，専門職業家としての良心に従い適正と判断される鑑

□Challenge
不動産の価格を求める鑑定評価の手法は，原価法，取引事例比較法および収益還元法に大別されるが，鑑定評価に当たっては，案件に即してこれらの三手法のいずれか1つを適用することが原則である。

（×）

定評価額を決定する。

⑩ **鑑定評価報告書の作成**……鑑定評価額を決定したとき
は，鑑定評価報告書を作成する。

5 鑑定評価の方式

θ・R5

不動産の鑑定評価の方式には，次表のように原価方式，比較
方式および収益方式の三方式がある（総論第7章）。

原価方式は不動産の再調達（建築，造成等による新規の調達
をいう）に要する原価に着目して，**比較方式**は不動産の取引事
例または賃貸借等の事例に着目して，**収益方式**は不動産から生
み出される収益に着目して，それぞれ不動産の価格または賃料
を求めようとするものである。

不動産の鑑定評価の方式

鑑定評価方式		適 用 方 法	求められる価格および賃料
原価方式	原価法	価格時点における対象不動産の再調達原価を求め，この再調達原価について減価修正を行う。	積算価格
	積算法	価格時点における基礎価格を求め，これに期待利回りを乗じて得た額に必要諸経費等を加算する。	積算賃料
比較方式	取引事例比較法	取引事例を収集し，その取引価格に事情補正，時点修正を施し，地域要因および個別的要因の比較を行う。	比準価格
	賃貸事例比較法（新規賃料を求める場合）	新規の賃貸借の事例を収集し，これらの実際実質賃料に事情補正，時点修正を施し，地域要因および個別的要因の比較を行う。	比準賃料
収益方式	収益還元法	対象不動産が将来生み出すであろうと期待される純収益の現在価値の総和を求める。この場合，収益価格を求める方法には，直接還元法とDCF法がある。	収益価格
	収益分析法	対象不動産が一定期間に生み出すであろう純収益を求め，これに必要諸経費等を加算する。	収益賃料

6 価格を求める鑑定評価の手法

❶原 価 法

原価法は，対象不動産の価格時点における**再調達原価**（価格時点において再調達することを想定した場合において必要とされる適正な原価の総額）を求め，この原価（当該評価方式においては価格の上限を示すものである）から物理的要因，機能的要因および経済的要因による**減価相当額**を差し引いて（減価修正），**対象不動産の試算価格（積算価格）**を求めるものである。

原価法は，対象不動産の再調達原価の把握および減価修正を適正に行うことができるときに有効である。また，**土地の再調達原価**は，その素材となる土地の標準的な取得原価に当該土地の標準的な造成費と発注者が直接負担すべき通常の付帯費用とを加算して求める。

また，土地について原価法を適用する場合には，宅地造成直後の対象地の地域要因と価格時点における対象地の地域要因とを比較し，公共施設，利便施設等の整備および住宅等の建設等により，社会的，経済的環境の変化が価格水準に影響を与えていると認められるときは，地域要因の変化の程度に応じた増加額を熟成度として加算することができる。

❷取引事例比較法

取引事例比較法は，多数の取引事例を収集して適正な事例を選択し，これらの取引価格に必要に応じて事情補正および時点修正を施し，かつ，地域要因および個別的要因の比較を行って求められた価格を比較考量し，これによって**対象不動産の試算価格（比準価格）**を求めるものである。取引事例比較法は，近隣地域または同一需給圏内の類似地域等において，対象不動産と類似の不動産の取引が行われている場合等に有効である。

● 事例の収集および選択

取引事例比較法は，市場において発生した取引事例を価格判

POINT
再調達原価について減価修正を行うという手法が主要な要素となっている

POINT
減価修正の方法には①耐用年数に基づく方法と，②観察減価法という2つの方法があり，原則としてこれらを併用する

POINT
市場性に着目した方式で，広く一般に採用されている

定の基礎とするものであるから，まず多数の取引事例を収集して，事例を選択する必要がある。取引事例は，原則として近隣地域または同一需給圏内の類似地域に存する不動産にかかるもののうちから選択しなければならないが，必要やむを得ない場合には近隣地域の周辺の地域にかかるもののうちから選択するほか，次の要件の全部を備えていることが必要である。

①　取引事情が正常なものと認められるものであること。または正常なものに補正することができるものであること。

②　時点修正をすることが可能なものであること。

③　地域要因の比較および個別的要因の比較が可能なものであること。

● 事情補正

現実に成立した取引事例には，不動産市場の特性，取引における売手と買手の双方における能力の多様性と特別の動機などにより，売り急ぎ，買い進みなどの特殊な事情が介在することがある。このような場合には，これらの要因を排除して，適正な取引価格に補正しなければならない。

● 時点修正

対象不動産の価格時点と異なる時点の取引事例から対象不動産の価格を求める場合には，事例にかかる不動産の存する用途的地域または当該地域と相似の価格変動過程を経たと認められる類似の地域における土地または建物の価格の変動率を求め，これにより取引価格を修正すべきである。

● 地域要因の比較および個別的要因の比較

取引価格は，取引事例にかかる不動産の存する用途的地域の地域要因および当該不動産の個別的要因を反映しているものである。したがって，取引事例にかかる不動産が同一需給圏内の類似地域等に存するもの，または同一需給圏内の代替競争不動産である場合には，近隣地域と当該事例にかかる不動産の存する地域との地域要因の比較および対象不動産と当該事例にかか

□**Challenge**
取引事例比較法における取引事例は，近隣地域または同一需給圏内の類似地域に存する不動産にかかるものでなければならないが，必要やむを得ない場合には，近隣地域の周辺の地域にかかるものからも選択できる。

（○）

95

る不動産との個別的要因の比較を行う。また，取引事例等にか
かる不動産が近隣地域に存するものである場合には，対象不動
産と当該事例にかかる不動産との個別的要因の比較を行う。

❸収益還元法

収益還元法は，対象不動産が将来生み出すであろうと期待さ
れる純収益の現在価値の総和を求めることにより対象不動産の
試算価格（収益価格）を求める手法である。

収益還元法は，賃貸用不動産または賃貸以外の事業の用に供
する不動産の価格を求める場合に特に有効である。

また，不動産の価格は，一般に当該不動産の収益性を反映し
て形成されるものであり，収益は，不動産の経済価値の本質を
形成するものである。したがって，この手法は，文化財の指定
を受けた建造物等の一般的に市場性を有しない不動産以外のも
のには基本的にすべて適用すべきものであり，自用の不動産と
いえども賃貸を想定することにより適用することができる。

なお，市場における不動産の取引価格の上昇が著しいときは，
取引価格と収益価格との乖離が増大するものであるので，先走
りがちな取引価格に対する有力な検証手段として，この手法が
活用されるべきである。

●収益価格を求める方法

収益価格を求める方法には，一期間の純収益を還元利回りに
よって還元する方法（直接還元法）と，連続する複数の期間に
発生する純収益および復帰価格を，その発生時期に応じて現在
価値に割り引き，それぞれを合計する方法（Discounted　Cash
Flow 法＝DCF 法）がある。

●純収益の算定

対象不動産の純収益は，一般に1年を単位として総収益から
総費用を控除して求める。また，純収益は，永続的なものと非
永続的なもの，償却前のものと償却後のもの等，総収益および
総費用の把握の仕方により異なるものであり，それぞれ収益価

（×）

格を求める方法および還元利回りまたは割引率を求める方法とも密接な関連があることに留意する必要がある。

● 総収益の算定

賃貸用不動産の総収益は，一般に，支払賃料に預り金的性格を有する保証金等の運用益，賃料の前払的性格を有する権利金等の運用益および償却額ならびに駐車場使用料等のその他収入を加えた額とし，賃貸以外の事業の用に供する不動産にあっては，一般に，売上高とする。

また，対象不動産が更地である場合には，対象不動産に最有効使用の賃貸用建物等の建設を想定し，当該複合不動産が生み出すであろう総収益を適切に求めるものとする。

● 総費用の算定

賃貸用不動産の総費用は，減価償却費（償却前の純収益を求める場合には，計上しない），維持管理費（維持費，管理費，修繕費等），公租公課（固定資産税，都市計画税等），損害保険料等の諸経費等を，また賃貸以外の事業の用に供する不動産にあっては，売上原価，販売費及び一般管理費等をそれぞれ加算して求める。なお，DCF法の適用にあたっては，特に保有期間中における大規模修繕費等の費用の発生時期に留意しなければならない。

● 還元利回り・割引率

① 還元利回りは，直接還元法の収益価格およびDCF法の復帰価格の算定において，一期間の純収益から対象不動産の価格を直接求める際に使用される率であり，将来の収益に影響を与える要因の変動予測と予測に伴う不確実性を含むものである。

② 割引率は，DCF法において，ある将来時点の収益を現在時点の価値に割り戻す際に使用される率であり，還元利回りに含まれる変動予測と予測に伴う不確実性のうち，収益見通しにおいて考慮された連続する複数の期間に発生す

□Challenge
収益還元法は，対象不動産が将来生み出すであろうと期待される純収益の現在価値の総和を求めることにより対象不動産の試算価格を求める手法であり，このうち，一期間の純収益を還元利回りによって還元する方法をDCF（Discounted Cash Flow）法という。

（×）

る純収益や復帰価格の変動予測にかかるものを除くもので
ある。

③　還元利回りおよび割引率は，ともに比較可能な他の資産
の収益性や金融市場における運用利回りと密接な関連があ
るので，その動向に留意しなければならない。

また，還元利回りおよび割引率は，地方別，用途的地域別，
品等別等によって異なる傾向を持つため，対象不動産にかかる
地域要因および個別的要因の分析をふまえつつ適切に求めるこ
とが必要である。

● **直接還元法およびDCF法の適用のあり方**

直接還元法またはDCF法のいずれの方法を適用するかにつ
いては，収集可能な資料の範囲，対象不動産の類型および依頼
目的に即して適切に選択することが必要である。

● **証券化対象不動産の価格に関する鑑定評価**

証券化対象不動産の鑑定評価における収益価格を求めるにあ
たってはDCF法を適用し，あわせて直接還元法を適用するこ
とより検証を行うことが適切である。また，証券化対象不動産
の鑑定評価にあたっては，エンジニアリング・レポート（建築
物，設備および環境に関する専門的知識を有する者による調査
報告書），DCF法等の適用のために必要な資料，建物の内覧を
含む実地調査の結果等を反映する必要がある。

7　価格に関する鑑定評価

● **更　地**

更地とは，建物等の定着物がなく，かつ，使用収益を制約す
る権利の付着していない宅地をいう。

更地の鑑定評価額は，更地ならびに配分法が適用できる場合
における建物およびその敷地の取引事例に基づく比準価格なら
びに**土地残余法**による収益価格を関連づけて決定する。土地残

POINT
いつでも最有効の使
用，収益および処分
が期待できるので，
他の制限付の土地を
評価する場合の基準
となる

余法とは，建物等の価格を収益還元法以外の手法によって求めることができる場合に，敷地と建物等からなる不動産について敷地に帰属する純収益から敷地の収益価格を求める方法をいう。

● 建 付 地

建付地とは，建物等の用に供されている敷地で建物等およびその敷地が同一の所有者に属している宅地をいう。

建付地の鑑定評価額は，更地の価格をもとに当該建付地の更地としての最有効使用との格差，更地化の難易の程度等敷地と建物等との関連性を考慮して求めた価格を標準とし，配分法に基づく比準価格および土地残余法による収益価格を比較考量して決定する。

なお，配分法とは，取引事例比較法の適用にあたり取引事例が対象不動産（たとえば，建付地）と同類型の不動産の部分を内包して複合的に構成されている異類型の不動産（たとえば，建物およびその敷地）にかかる場合においては，当該取引事例の取引価格から対象不動産と同類型の不動産以外の部分の価格（たとえば，建物の価格）が取引価格等により判明しているときは，その価格を控除し，または当該取引事例について各構成部分の価格の割合が取引価格，新規投資等により判明しているときは，当該事例の取引価格に対象不動産と同類型の不動産の部分にかかる構成割合を乗じて，対象不動産の類型にかかる事例資料を求めることをいう。

● 借 地 権

借地権とは，借地借家法に基づく借地権（建物の所有を目的とする地上権または賃借権）をいう。

借地権の鑑定評価は，借地権の取引慣行の有無およびその成熟の程度によってその手法を異にしている。

(1)　借地権の取引慣行の成熟の程度の高い地域

借地権の鑑定評価額は，借地権および借地権を含む複合不動

POINT
借地権の価格（借地人に帰属する経済的利益）と底地の価格（賃貸人に帰属する経済的利益）とは，密接に関連しあっている

産の取引事例に基づく比準価格，土地残余法による収益価格，当該借地権の設定契約に基づく賃料差額のうち取引の対象となっている部分を還元して得た価格および借地権取引が慣行として成熟している場合における当該地域の借地権割合により求めた価格を関連づけて決定する。

(2)　借地権の取引慣行の成熟の程度の低い地域

借地権の鑑定評価額は，土地残余法による収益価格を，当該借地権の設定契約に基づく賃料差額のうち取引の対象となっている部分を還元して得た価格および当該借地権の存する土地にかかる更地または建付地としての価格から底地価格を控除して得た価格を関連づけて決定する。

● 底　　地

底地とは，宅地について借地権の付着している場合における当該宅地の所有権をいう。すなわち，貸宅地の場合には，地主に帰属するのは底地（所有権）のみであり，借地権は借地人に帰属する。

底地の鑑定評価額は，実際支払賃料に基づく純収益等の現在価値の総和を求めることにより得た収益価格および比準価格を関連づけて決定する。

● 区分地上権

区分地上権とは，工作物を所有するため，地下または空間に上下の範囲を定めて設定された地上権をいう。

区分地上権の価格は，一般に区分地上権の設定にかかる土地（区分地上権設定地という）の経済価値を基礎として，権利の設定範囲における権利利益の内容により定まり，その経済価値は，区分地上権設定地全体の経済価値のうち，平面的・立体的空間の分割による当該権利の設定部分の経済価値および設定部分の効用を保持するため他の空間部分の利用を制限することに相応する経済価値を貨幣額で表示したものである。

区分地上権の鑑定評価額は，設定事例等に基づく比準価格，

土地残余法に準じて求めた収益価格および区分地上権の立体利用率により求めた価格を関連づけて得た価格を標準とし，区分地上権の設定事例等に基づく区分地上権割合により求めた価格を比較考量して決定する。

● 宅地見込地

宅地見込地とは，宅地以外の土地で社会的，経済的および行政的観点からみて，将来宅地としての使用または収益が客観的に合理的であると見込まれる土地をいう。すなわち，都市の成熟，発展等にともなって**宅地地域以外の地域から宅地地域へと転換しつつある地域**（たとえば，農地地域から宅地地域への転換）の内にある土地をいう。

宅地見込地の鑑定評価額は，比準価格および当該宅地見込地について，価格時点において，転換後・造成後の更地を想定し，その価格から通常の造成費相当額および発注者が直接負担すべき通常の付帯費用を控除し，その額を当該宅地見込地の**熟成度に応じて適正に修正**して得た価格を関連づけて決定する。この場合においては，とくに都市の外延的発展を促進する要因の近隣地域に及ぼす影響度および次に掲げる事項を総合的に勘案する必要がある。

① 当該宅地見込地の宅地化を助長し，または阻害している行政上の措置または規制

② 付近における公共施設および公益的施設の整備の動向

③ 付近における住宅，店舗，工場等の建設の動向

④ 造成の難易およびその必要の程度

⑤ 造成後における宅地としての有効利用度

また，熟成度の低い宅地見込地を鑑定評価する場合には，比準価格を標準とし，転換前の土地の種別に基づく価格に宅地となる期待性を加味して得た価格を比較考量して決定する。

（以上，各論第1章）

POINT
宅地見込地の価格は，宅地よりは低いが，農地または山林などの価格を上回るのが一般的である

8　賃料に関する鑑定評価

　不動産の賃料を求める鑑定評価の手法は，**新規賃料**にあっては積算法，賃貸事例比較法，収益分析法等があり，**継続賃料**を求める手法には差額配分法，利回り法，スライド法，賃貸事例比較法等がある（総論第7章第2節）。

① 　差額配分法……対象不動産の経済価値に即応した適正な実質賃料または支払賃料と，実際実質賃料または実際支払賃料との間に発生している差額について，契約の内容，契約締結の経緯等を総合的に勘案して，当該差額のうち賃貸人等に帰属する部分を適切に判定して得た額を実際実質賃料または実際支払賃料に加減して試算賃料を求める手法である。

② 　利回り法……基礎価格に継続賃料利回りを乗じて得た額に必要諸経費等を加算して試算賃料を求める手法である。また，継続賃料利回りは，直近合意時点における基礎価格に対する純賃料の割合を踏まえて求める。

③ 　スライド法……直近合意時点における純賃料に変動率を乗じて得た額に価格時点における必要諸経費等を加算して試算賃料を求める手法である。また，変動率は，直近合意時点から価格時点までの間における経済情勢等の変化に即応する変動分を表すものであり，継続賃料固有の価格形成要因に留意しつつ，土地および建物価格の変動，物価変動，所得水準の変動等を示す各種指数や整備された不動産インデックス等を総合的に勘案して求める。

④ 　賃貸事例比較法……新規賃料にかかる賃貸事例比較法に準じて試算賃料を求める手法である。

第 **3** 編

宅地および建物の需給に関する法令と取引の実務

🏛 **傾向と対策**

● この分野では,「宅地および建物の需給に関する法令および実務に関すること」が出題範囲とされている。

● 出題数は50問中3問で,その内訳は需給関係から2問,取引の実務から1問となっている。

● 需給関係では,独立行政法人住宅金融支援機構の業務と統計関係から各1問出題される。

● 取引の実務については,不当景品類及び不当表示防止法,公正競争規約など一般常識的な問題が出題されている。

1 住宅金融支援機構

1 住宅金融支援機構の目的

　独立行政法人住宅金融支援機構（以下「機構」という）は，一般の金融機関による住宅の建設等に必要な資金の融通を支援するための**貸付債権の譲受け等**の業務を行うとともに，国民の住生活を取り巻く環境の変化に対応した良質な住宅の建設等に必要な資金の調達等に関する情報の提供その他の**援助**の業務を行うほか，一般の金融機関による融通を補完するための災害復興建築物の建設等に必要な資金の貸付けの業務を行うことにより，住宅の建設等に必要な資金の円滑かつ効率的な融通を図ることを目的とする（4条）。

2 業務の範囲

⟢R1・R2・R3・R4・R5

☐Challenge
証券化支援事業（買取型）において，機構は買い取った住宅ローン債権を担保としてMBS（資産担保証券）を発行することにより，債券市場（投資家）から資金を調達している。

　機構は，**住宅の建設等に必要な資金**の円滑かつ効率的な**融通**を図るため，次の業務を行う（13条1項）。

① 　住宅の建設・購入に必要な資金（当該住宅の建設・購入に付随する土地または借地権の取得に必要な資金を含む）にかかる**金融機関の貸付債権の譲受け**を行うこと。譲り受ける貸付債権は，自ら居住する住宅または自ら居住する住宅以外の親族の居住の用に供する住宅の建設・購入する者に対する貸付けにかかるものでなければならない（独立行政法人住宅金融支援機構業務方法書3条1号）。

② 　①に規定する貸付債権で，その貸付債権について次に掲げる行為を予定した貸付けにかかるもの（特定貸付債権）のうち，住宅融資保険法に規定する保険関係が成立した貸付けにかかるもの（その信託の受益権を含む）を担保とす

（○）

104

る債券その他これに準ずるものとして主務省令で定める有
価証券にかかる**債務の保証**（特定債務保証）を行うこと。

イ　信託会社または金融機関の信託業務の兼営等に関する
　　法律に基づく認可を受けた金融機関に信託し，当該信託
　　の受益権を譲渡すること。

ロ　資産の流動化に関する法律に規定する特定目的会社に
　　譲渡すること。

ハ　その他イまたはロに類するものとして主務省令で定め
　　る行為。

③　住宅融資保険を引き受けること。民間金融機関が貸し出
　す住宅ローンに貸倒れが発生した場合に，あらかじめ機構
　と民間金融機関との間で締結された保険契約に基づき，未
　回収分の一部を機構が保険金として支払う。

④　住宅の建設等をしようとする者または住宅の建設等に関
　する事業を行う者に対し，必要な資金の調達または良質な
　住宅の設計もしくは建設等に関する情報の提供，相談その
　他の**援助**を行うこと。

⑤　**災害復興建築物**の建設・購入または被災建築物の補修に
　必要な資金の貸付けを行うこと（災害復興住宅融資）。災
　害復興建築物等の建設・購入にかかる貸付金については，
　機構が主務大臣と協議して据置期間を設けることができる
　（業務方法書24条2項1号）。

⑥　**災害予防代替建築物**の建設・購入に必要な資金または地
　震に対する安全性の向上を主たる目的とする住宅の改良等
　に必要な資金の貸付けを行うこと（災害予防関連融資）。

⑦　**合理的土地利用建築物**の建設・購入等に必要な資金また
　はマンションの共用部分の改良に必要な資金の貸付けを行
　うこと（密集市街地建替等融資）。

⑧　**子どもを育成する家庭**もしくは**高齢者**の家庭に適した良
　好な居住性能および居住環境を有する賃貸住宅もしくは賃

機構は，民間金融機
関により貸付けを受
けた住宅ローン債務
者の債務不履行によ
り元利金を回収する
ことができなかった
ことで生じる損害を
てん補する住宅融資
保険を引き受けてい
る。

POINT
機構は，住宅確保要
配慮者の入居を拒ま
ない賃貸住宅として
県に登録した空家等
（登録住宅）の改良
資金の貸付け，家賃
債務保証事業者が登
録住宅に入居する住
宅確保要配慮者の家
賃債務を保証する保
険の引受けを行う

（〇）

住宅金融支援機構の業務の概要

証券化支援業務（【フラット35】の提供）	買取型	民間金融機関の全期間固定金利の住宅ローン債権を買い取り、これを担保として MBS を発行。
	保証型	民間金融機関の全期間固定金利の住宅ローンに対して住宅融資保険を引き受け、当該住宅ローンを担保として発行された債券等について、期日どおりの元利払いを保証。
住宅融資保険等業務		民間金融機関の住宅ローン貸出に対して保険を引き受けることにより、民間金融機関による住宅ローンの供給を支援。
融資業務		災害復興住宅融資、地すべり等関連住宅融資、宅地防災工事融資、サービス付き高齢者向け賃貸住宅融資、子育て世帯向け省エネ賃貸住宅融資、リフォーム融資およびまちづくり融資（高齢者向け返済特例制度（生存中は利息のみを支払い、亡くなったら相続人等が借入金を一括して返済）を含む）、マンション共用部分リフォーム融資など、政策上重要で、かつ、民間金融機関だけでは十分な対応が困難な分野に限定して実施。
良質住宅の普及		良質住宅の普及を推進するために技術基準を定めるとともに、住宅工事仕様書の作成・発行、事業者向け仕様書セミナーを実施。
団体信用生命保険等業務		フラット35（買取型）または災害復興住宅融資等の利用者（個人）が、死亡・高度障害状態等となった場合に、生命保険会社から支払われる保険金等により住宅ローンの残債が弁済される。
債権管理業務		経済事情や病気等の事情による返済方法の変更、融資金の繰上げ返済、残高証明書の発行等、返済相談体制を整備。
住宅金融に関する調査業務		国内の住宅ローン市場の調査、住宅金融市場についての分析・情報発信等を実施。
資金調達		証券化支援業務等の運営に必要となる資金を主に MBS（資産担保証券）や SB（一般担保債券）等の発行により金融市場から調達。2014年度からはシンジケートローンによる資金調達を開始。

出典：住宅金融支援機構統合報告書2021

貸の用に供する住宅部分が大部分を占める建築物の建設に必要な資金（当該賃貸住宅または当該建築物の建設に付随する一定の行為に必要な資金を含む）または当該賃貸住宅の改良（当該賃貸住宅とすることを主たる目的とする人の居住の用その他その本来の用途に供したことのある建築物の改良を含む）に必要な資金の貸付けを行うこと（子育て・高齢者世帯向け省エネ賃貸住宅融資等）。

⑨　高齢者の家庭に適した良好な居住性能および居住環境を有する住宅とすることを主たる目的とする住宅の改良（高齢者が自ら居住する住宅について行うものに限る）に必要な資金または高齢者の居住の安定確保に関する法律に規定する高齢者向け優良賃貸住宅とすることを主たる目的とする人の居住の用に供したことのある住宅の購入に必要な資

□**Challenge**
証券化支援業務（買取型）の住宅ローン金利は全期間固定金利が適用され、どの取扱金融機関に申し込んでも必ず同一の金利になる。

POINT
機構は、利用者の生活状況の変化やリスクの変化に対応し、返済方法の変更に応じている

（×）

金（当該住宅の購入に付随する行為で政令で定めるものに必要な資金を含む）の貸付けを行うこと（高齢者向け返済特例リフォーム融資）。

⑩　住宅のエネルギー消費性能の向上を主たる目的とする住宅の改良に必要な資金の貸付けを行うこと。

⑪　機構が譲り受けた金融機関の貸付債権にかかる貸付けを受けた者等と締結した団体弁済充当契約等に基づいて，その者または機構から貸付けを受けた者が死亡した場合に支払われる保険金等により当該貸付けにかかる債務を弁済すること（団体信用生命保険業務）

⑫　前各号の業務に附帯する業務を行うこと。

なお，機構は，上記①，②および⑤から⑨までの業務の実施に当たっては，住宅の建設等に必要な資金の需要および供給の状況に応じて，一般の金融機関との適切な役割分担を図り，これらの業務を通じ，国民に対する住宅の建設等に必要な長期資金の融通が円滑に行われるよう努めなければならない（14条1項）。

機構は，民間金融機関から全期間固定金利，保証人不要，繰上返済手数料不要の住宅ローン（【フラット35】）を買い取り，それを担保とするMBS（資産担保証券）を発行することで長期の資金調達を行い，民間金融機関が長期・固定金利の住宅ローンを提供する仕組みを支援している。買取りの対象となる住宅ローンの主要な要件は，以下のとおりである。

①　住宅の建設・購入のための貸付けであること。

②　申込本人または親族が居住する住宅を建設・購入する者に対する貸付けであること。

③　機構が定めた一定の技術基準に適合すること。

④　1戸当たり建設費・購入価額が1億円以下であること。

⑤　貸付額が建設費・購入価額の9割以下であり，かつ100万円以上8,000万円以下であること。

POINT
高齢者向け返済特例制度…満60歳以上の高齢者がバリアフリー工事，耐震改修工事またはヒートショック対策工事を含むリフォームを行う場合に，毎月の返済は利息のみとし，借入金の元金は申込人の死亡時に一括して返済する制度

□**Challenge**
機構は，災害復興融資，財形住宅融資，子育て世帯向け・高齢者世帯向け賃貸住宅融資など，政策上重要で一般の金融機関による貸付けを補完するための融資業務を行っている。

（○）

⑥　長期（償還期間15年以上35年以内）・全期間固定金利の住宅ローンであること。

機構は，証券化支援業務の対象になる住宅について，耐久性等の技術基準を定め，物件検査を行うことで住宅の質の確保を図るとともに，証券化支援業務の枠組みを活用し，耐震性，省エネルギー性，バリアフリー性および耐久性・可変性の４つの性能のうち，いずれかの基準を満たした住宅の取得にかかる当初10年間（長期優良住宅等については当初20年間）の融資金利を引き下げる**優良住宅取得支援制度**（【フラット35】S）を実施している。

また，機構は，上記の業務のほか，次の業務を行う。

①　阪神・淡路大震災に対処するための特別の財政援助及び助成に関する法律に基づく貸付けを行うこと。

②　勤労者財産形成促進法に基づく貸付けを行うこと（財形住宅融資）。

③　中小企業退職金共済法に基づき，勤労者財産形成持家融資業務の一部を行うこと。

④　①～③の業務に附帯する業務を行うこと。

3　業務の委託

機構は，金融機関，債権回収会社，地方公共団体その他の法人に対し，第13条（１項４号を除く）に規定する業務のうち，譲り受けた貸付債権にかかる元利金の回収その他回収に関する業務等政令で定める業務を委託することができる（16条１項，同法施行令７条）。

また，機構は，業務に必要な費用に充てるため，主務大臣の認可を受けて，長期借入金をし，または住宅金融支援機構債券を発行することができる（19条１項）。

□**Challenge**
証券化支援事業（買取型）において，機構は，いずれの金融機関に対しても，譲り受けた貸付債権に係る元金及び利息の回収その他回収に関する業務を委託することができない。

（×）

2 不当景品類及び不当表示防止法

1 目 的

　「不当景品類及び不当表示防止法」（以下，景品表示法）は，商品および役務の取引に関連する不当な景品類および表示による顧客の誘引を防止するため，一般消費者による自主的かつ合理的な選択を阻害するおそれのある行為の制限・禁止について定めることにより，一般消費者の利益を保護することを目的としている（1条）。

2 景品類および表示の定義

　景品類とは，顧客を誘引するための手段として，その方法が直接的であるか間接的であるかを問わず，くじの方法によるかどうかを問わず，事業者が自己の供給する商品・役務の取引に付随して相手方に提供する物品，金銭その他の経済上の利益であって，内閣総理大臣が指定するものをいう（2条3項）。

　表示とは，顧客を誘引するための手段として，事業者が自己の供給する商品・役務の内容・取引条件その他これらの取引に関する事項について行う広告その他の表示であって，内閣総理大臣が指定するものをいう（同条4項）。

> **POINT**
> 内閣総理大臣は，この法律による権限を消費者庁長官に委任し，消費者庁長官はその一部を公正取引委員会に委任することができる

3 景品類の提供の制限または禁止

　内閣総理大臣は，**不当な顧客の誘引を防止し**，一般消費者による自主的・合理的な選択を確保するため必要があると認めるときは，景品類の価額の最高額もしくは総額，種類，提供の方法など景品類の提供に関する事項を制限し，または景品類の提

供を禁止することができる（4条）。

　不動産業における景品類の提供の制限に関する公正競争規約
（公正取引委員会告示第3号）は，宅地建物取引業者（事業者）
が，一般消費者に対し，次のような景品類の提供をすることを
制限している。

●景品類

　この公正競争規約において，**景品類**とは，顧客を誘引するた
めの手段として，方法のいかんを問わず，事業者が自己の供給
する不動産の取引に付随して相手方に提供する物品，金銭その
他の経済上の利益であって，次に掲げるものをいうと定めてい
る。ただし，**正常な商慣習**に照らして値引きまたはアフターサー
ビスと認められる経済上の利益および**正常な商慣習**に照らして
不動産もしくは不動産の取引に付随すると認められる経済上の
利益は除外している（同規約2条3項）。

① 　物品および土地，建物その他の工作物

② 　金銭，金券，預金証書，当せん金附証票および公社債，
　　株券，商品券その他の有価証券

③ 　きょう応（映画，演劇，スポーツ，旅行その他の催物等
　　への招待または優待を含む）

④ 　便益，労務その他の役務

●一般消費者に対する景品類の提供の制限

　事業者は，一般消費者に対し，次に掲げる範囲を超えて景品
類を提供してはならないとしている（同規約3条）。

① 　**懸賞により提供する景品類**にあっては，取引価額の20倍
　　または10万円のいずれか低い価額の範囲。ただし，この場
　　合の景品類の総額は，当該懸賞にかかる取引予定総額の
　　100分の2以内でなければならない。

② 　**懸賞によらないで提供する景品類**にあっては，取引価額
　　の10分の1または100万円のいずれか低い価額の範囲

次に掲げる経済上の利益については，景品類に該当する場合

□**Challenge**
宅地建物取引業者
は，不動産の購入者
に対して景品を提供
する場合，抽選によ
り提供するものであ
れば，景品の最高額
について制限を受け
ることはない。

（×）

であっても，懸賞によらないで提供するときは，上記の制限を
適用しないこととしている。

① 不動産の取引または使用のため必要な物品，便益その他
の経済上の利益であって，正常な商慣習に照らして適当と
認められるもの

② 開店披露，創業記念等の行事に際して提供する物品また
はサービスであって，正常な商慣習に照らして適当と認め
られるもの

事業者は，一般消費者に対し，旅行，視察会その他名目のい
かんを問わず，旅行先において不動産取引の勧誘をする旨を明
示しないで，宿泊旅行等への招待または優待をしてはならない。

4 不当な表示の禁止

⊕R1・R2・R3・
R4・R5

事業者は，自己の供給する商品または役務の取引について，
次に掲げる表示をしてはならない（法5条）。

① 商品・役務の品質，規格その他の内容について，実際の
ものよりも著しく優良であると示し，または事実に相違し
て当該事業者と同種・類似の商品・役務を供給している他
の事業者にかかるものより著しく優良であると示す表示で
あって，不当に顧客を誘引し，一般消費者による自主的か
つ合理的な選択を阻害するおそれがあると認められるもの

② 商品・役務の価格その他の取引条件について，実際のも
のまたは当該事業者と同種・類似の商品・役務を供給して
いる他の事業者にかかるものよりも取引の相手方に著しく
有利であると一般消費者に誤認される表示であって，不当
に顧客を誘引し，一般消費者による自主的かつ合理的な選
択を阻害するおそれがあると認められるもの

③ 上記以外のものであって，不当に顧客を誘引し，一般消
費者による自主的かつ合理的な選択を阻害するおそれがあ

ると認めて内閣総理大臣が指定するもの

不動産業界では,「**不動産の表示に関する公正競争規約**」(規約)を設定し,不動産の取引に関する表示にかかる事項を定めている。このうち,主要なものを掲げれば,次のとおりである。

● **特定事項の表示義務**

事業者は,一般消費者が通常予期することができない不動産の地勢,形質,立地,環境等に関する事項または取引の相手方に著しく不利益な取引条件であって,「不動産の表示に関する公正競争規約施行規則」(規則)で定めるものについては,見やすい場所に,分かりやすい表現で明りょうに表示しなければならない。

規則7条で定める主なものは,次のとおりである。

① 建築基準法42条2項の規定によりセットバックを要する部分を含む土地については,その旨を表示し,セットバックを要する部分の面積がおおむね10%以上である場合は,併せてその面積を明示する。

② 建築基準法に規定する道路に2メートル以上接していない土地については,「再建築不可」または「建築不可」と明示する。

③ 市街化調整区域に所在する土地については,「市街化調整区域。宅地の造成および建物の建築はできません。」と16ポイント以上の文字で明示する。

④ 路地状部分のみで道路に接する土地であって,その路地状部分の面積が当該土地面積のおおむね30%以上を占めるときは,路地状部分を含む旨および路地状部分の割合または面積を明示する。

⑤ 土地取引において,当該土地上に古家,廃屋等が存在するときは,その旨を明示する。

⑥ 土地の全部または一部が高圧電線路下にあるときは,その旨およびそのおおむねの面積を表示する。

⑦　傾斜地を含む土地で，傾斜地の割合が当該土地面積のおおむね30％以上を占める場合，また，傾斜地の割合が30％以上を占めるか否かにかかわらず，傾斜地を含むことにより，当該土地の有効な利用が著しく阻害される場合は，その旨および傾斜地の割合または面積を明示する。

⑧　建築工事に着手した後に，同工事を相当の期間にわたり中断していた新築住宅または新築分譲マンションについては，建築工事に着手した時期および中断期間を明示する。

□**Challenge**
土地の有効な利用が著しく阻害される傾斜地を含む宅地の販売公告を行う場合は，土地面積に占める傾斜地の割合にかかわらず傾斜地を含む旨およびその面積を明瞭に表示しなければならない。

● **おとり広告の禁止**

事業者は，次に掲げる広告表示をしてはならない（規約21条）。

①　物件が存在しないため，実際には取引することができない物件に関する表示

②　物件は存在するが，実際には取引の対象となり得ない物件に関する表示

③　物件は存在するが，実際には取引する意思がない物件に関する表示

● **一般事項の表示基準**

事業者は，不動産の取引に関し，次に掲げる事項について広告その他の表示をするときは，それぞれ当該事項の定めるところによらなければならない（規則9条）。

①　**取引態様**……売主・貸主・代理または媒介（仲介）の別を表示する。

②　**物件の所在地**……都道府県，郡，市，区，町村，字および地番を表示する。

③　**交通の利便性**……公共交通機関は，現に利用できるものを表示し，特定の時期にのみ利用できるものは，その利用できる時期を明らかにして表示する。

新設予定の駅または停留所は，当該路線の運行主体が公表したものに限り，その新設予定時期を明らかにして表示することができる。

（○）

④　**各種施設までの距離または所要時間**……道路距離または所要時間を表示するときは，起点および着点を明示して表示する。なお，道路距離または所要時間を算出する際の物件の起点は，物件の区画のうち駅その他施設に最も近い地点（マンションおよびアパートにあっては，建物の出入口）とし，駅その他の施設の着点は，その施設の出入口とする。徒歩による所要時間は，**道路距離80m につき1分間を要す**るものとして算出した数値を表示し，1分未満の端数が生じたときは，1分として算出する。

⑤　**団地の規模**……開発区域を工区に分けて工区ごとに開発許可を受け，当該開発許可に係る工区内の宅地建物について表示をするときは，開発区域全体の規模およびその開発計画の概要を表示する。また，全体計画中に開発許可を受けていない部分を含むときは，その旨を明示する。

⑥　**面積**……面積は，メートル法により表示する。土地の面積は**水平投影面積**を表示し，建物の面積（マンションにあっては，専有面積）は**延べ面積**を表示する。土地または新築住宅等については，パンフレット等の媒体を除き，最小面積および最大面積のみで表示することができる。

　住宅の居室等の広さを畳数で表示する場合には，畳1枚当たりの広さは1.62㎡（各室の壁心面積を畳数で除した数値）以上の広さがあるという意味で用いる。

⑦　**物件の形質**……採光および換気のための窓その他の開口部の面積の当該室の床面積に対する割合が建築基準法28条の規定に適合していないため，同法において居室と認められない納戸その他の部分については，その旨を「納戸」等と表示する。

　地目は，登記簿に記載されているものを表示し，現況の地目と異なるときは，現況の地目を併記する。

⑧　**写真・絵図**……宅地建物のコンピュータグラフィック

（×）

ス，見取図，完成図または完成予想図は，その旨を明示して用い，当該物件の周囲の状況について表示するときは，現況に反する表示をしない。

⑨　**設備・施設等**……上水道（給水）は，公営水道，私営水道または井戸の別を表示し，ガスは，都市ガスまたはプロパンガスの別を明示して表示する。

⑩　**生活関連施設**……学校，病院，官公署，公園その他の公共・公益施設は，現に利用できるものを表示し，物件からの**道路距離**または**徒歩所要時間**を明示する。また，デパート，スーパーマーケット，コンビニエンスストア，商店等の商業施設は，現に利用できるものを物件からの道路距離または徒歩所要時間を明示して表示する。

⑪　**価格・賃料**……土地の価格については，1区画当たりの価格を表示し，住宅（マンションにあっては，住戸）の価格については，1戸当たりの価格を表示する。取引するすべての価格を表示する必要があるが，10区画以上の分譲宅地または10戸以上の新築分譲住宅，新築分譲マンション等の価格については，パンフレット等の媒体を除き，1区画（1戸）当たりの最低価格，最高価格および最多価格帯ならびにその価格帯に属する販売区画数（戸数）のみで表示することができる。

　賃貸される住宅（マンションまたはアパートにあっては，住戸）の賃料については，取引するすべての住戸の1か月当たりの賃料を表示する。ただし，新築賃貸マンションまたは新築賃貸アパートの賃料については，パンフレット等の媒体を除き，1住戸当たりの**最低賃料**および**最高賃料**のみで表示することができる。

⑫　**住宅ローン等**……住宅ローンについては，金融機関の名称等，借入金の利率および利息を徴する方式または返済例を明示して表示する。購入物件を賃貸した場合における

□**Challenge**
分譲共同住宅の広告について，広告スペースの関係からすべての住宅の価格を表示することが困難であるときは，最低価格，最高価格，最多価格帯及びそれらの戸数をその価格区分を明らかにして表示してあれば，不当表示となることはない。

（○）

「利回り」の表示については，当該物件の1年間の予定賃料収入の当該物件の取得対価に対する割合であるという意味で用いる。

● **特定用語の使用基準**

事業者は，次に掲げる用語またはこれらの用語に類する用語を用いて表示するときは，それぞれ次に定める意義に即して使用しなければならない（規約18条）。

① **新　築**……建築工事完了後1年未満であって，居住の用に供されたことがないものをいう。

② **新発売**……新たに造成された宅地，新築の住宅（造成工事または建築工事完了前のものを含む）または一棟リノベーションマンションについて，一般消費者に対し，初めて購入の申込みの勧誘を行うことをいい，その申込みを受けるに際して一定の期間を設ける場合においては，その期間内における勧誘をいう。

③ **リビング・ダイニング・キッチン（LDK）**……居間と台所と食堂の機能が1室に併存する部屋をいい，住宅の居室（寝室）数に応じ，その用途に従って使用するために必要な広さ，形状および機能を有するものをいう。

事業者は，次に掲げる用語を用いて表示するときは，それぞれ当該表示内容を裏付ける合理的な根拠を示す資料を現に有している場合を除き，当該用語を使用してはならない。ただし，①および②に定める用語については，当該表示内容の根拠となる事実を併せて表示する場合に限り使用することができる。

① 物件の形質その他の内容または価格その他の取引条件に関する事項について，「最高」，「最高級」，「極」，「特級」等，最上級を意味する用語

② 物件の価格または賃料等について，「買得」，「掘出」，「土地値」，「格安」，「投売り」，「破格」，「特安」，「激安」，「バーゲンセール」，「安値」等，著しく安いという印象を

□**Challenge**
宅地建物取引業者が，建築後1年経過している建物を販売する際，未使用であれば，新聞折込ビラで「新築」と表示しても，不当表示となるおそれはない。

（×）

与える用語

③　物件の形質その他の内容または役務の内容について，「完全」，「完ぺき」，「絶対」，「万全」等，まったく欠けるところがないこと等を意味する用語

● **物件の名称の使用基準**

物件の名称として地名等を用いる場合には，当該物件が所在する市区町村内の町もしくは字の名称または地理上の名称を用いる場合を除いて，次に定めるところによるものとする。

①　当該物件の所在地において，慣例として用いられている地名または歴史上の地名がある場合は，当該地名を用いることができる。

②　当該物件が公園，庭園，旧跡等から直線距離で300m以内に所在している場合は，これらの名称を用いることができる。

③　当該物件から直線距離で50m以内に所在する街道その他の道路の名称（坂名を含む）を用いることができる。

5 措置命令，課徴金納付命令，指導・助言，勧告

❶措置命令

内閣総理大臣は，景品類の提供の制限・禁止または不当表示の禁止規定に違反する行為があるときは，当該事業者に対し，その**行為の差止め**等の措置命令を出すことができる（法7条）。

❷課徴金納付命令

事業者の供給する商品・役務の品質，規格その他の内容が実際のものまたは事実に相違して他の事業者にかかるものよりも著しく優良であると一般消費者に対して示すことにより，不当に顧客を誘引し，一般消費者による自主的かつ合理的な選択を阻害するおそれがあると認められる表示等について，内閣総理大臣は，当該表示等を行った事業者に対し課徴金の納付を命じ

> **POINT**
> 措置命令は，違反行為がすでになくなっている場合でも，することができる

なければならない（法8条1項）。

❸事業者が講ずべき景品類の提供および表示の管理上の措置

事業者は，自己の供給する商品・役務の取引について，景品類の提供または表示により不当に顧客を誘引し，一般消費者による自主的かつ合理的な選択を阻害することのないよう，景品類の価額の最高額，総額その他の景品類の提供に関する事項および商品または役務の品質，規格その他の内容にかかる表示に関する事項を**適正に管理する**ために**必要な体制の整備**その他の必要な措置を講じなければならない。また，内閣総理大臣は，事業者が講ずべき措置に関して，その適切かつ有効な実施を図るために必要な指針を定める（法26条）。

❹指導および助言

内閣総理大臣は，事業者が講ずべき措置に関して，その適切かつ有効な実施を図るため必要があると認めるときは，当該事業者に対し，その措置について必要な指導および助言をすることができる（法27条）。

❺勧告および公表

内閣総理大臣は，事業者が正当な理由がなくて事業者が講ずべき措置を講じていないと認めるときは，当該事業者に対し，景品類の提供または表示の管理上必要な措置を講ずべき旨の勧告をすることができる。また，内閣総理大臣は，勧告を行った場合において当該事業者がその勧告に従わないときは，その旨を公表することができる（法28条）。

❻報告の徴収および立入検査等

内閣総理大臣は，措置命令，課徴金納付命令または勧告を行うため必要があると認めるときは，当該事業者等に対し，その業務等に関して報告をさせ，もしくは帳簿書類その他の物件の提出を命じ，またはその職員に，当該事業者等の事務所，事業所その他その事業を行う場所に立ち入り，帳簿書類その他の物件を検査させ，関係者に質問させることができる（法29条）。

1 不動産の価格の動向

❶地価公示

　令和5年1月以降の全国の地価は，景気が緩やかに回復している中，地域や用途により差があるものの，三大都市圏・地方圏ともに上昇が継続するとともに，三大都市圏では上昇率が拡大し，地方圏でも上昇率が拡大傾向となるなど，上昇基調を強めている。

　全国平均，三大都市圏平均は，全用途平均・住宅地・商業地のいずれも3年連続で上昇し，上昇率が拡大した。

　東京圏，名古屋圏では，全用途平均・住宅地・商業地のいずれも3年連続で上昇し，上昇率が拡大し，大阪圏では，全用途平均・住宅地は3年連続，商業地は2年連続で上昇し，それぞれ上昇率が拡大した。

　地方圏平均は，全用途平均・住宅地・商業地のいずれも3年連続で上昇した。全用途平均・商業地は上昇率が拡大し，住宅地は前年と同じ上昇率となった（令和6年3月26日，国土交通省不動産・建設経済局地価調査課地価公示室）。

⊕R1・R2・R3・
　R4・R5

POINT

令和5年の1年間の地価は，全国平均では，全用途平均・住宅地・商業地のいずれも3年連続で上昇し，上昇率が拡大した

公示価格の年別変動率の推移

(単位：%)

地価公示年		令和2年	令和3年	令和4年	令和5年	令和6年
変動率期間		平成31.1.1 令和2.1.1	令和2.1.1 令和3.1.1	令和3.1.1 令和4.1.1	令和4.1.1 令和5.1.1	令和5.1.1 令和6.1.1
住宅地	全　国	0.8	△0.4	0.5	1.4	2.0
	三大都市圏	1.1	△0.6	0.5	1.7	2.8
	地方圏	0.5	△0.3	0.5	1.2	1.2
商業地	全　国	3.1	△0.8	0.4	1.8	3.1
	三大都市圏	5.4	△1.3	0.7	2.9	5.2
	地方圏	1.5	△0.5	0.2	1.0	1.5

資料：国土交通省「令和6年地価公示結果の概要」

□**Challenge**

令和6年地価公示（令和6年3月公表）によれば，令和5年の1年間，住宅地の地価は三大都市圏，地方圏とも3年連続で上昇し，上昇率が拡大した。

(○)

❷不動産価格指数

⇦R4

　不動産価格指数は，不動産価格の動向を示すべく，年間約30万件の住宅・マンション等の取引価格情報をもとに，毎月の不動産価格を，平成22年平均を100として指数化した統計データで，国土交通省が毎月発表している。

　令和5年12月分の全国の不動産価格指数（住宅）のうち，住宅地は114.6（対前月比0.1％減），戸建住宅は118.5（対前月比2.0％増），マンション（区分所有）は196.2（対前月比1.2％増）となった。また，全国の商業用不動産総合の令和5年第4四半期分・季節調整値は前期比1.9％増の140.7で，第2四半期から第4四半期まで対前期比＋0.8％，＋1.0％，＋2.6％と連続で対前期比増となった（令和5年3月29日，国土交通省不動産・建設経済局不動産市場整備課）。

□**Challenge**
国土交通省の公表する不動産価格指数のうち，全国の商業用不動産総合の季節調整値は，2023年（令和5年）においては第1四半期から第3四半期まで連続で対前期比増となった。

2 建築着工統計

❶新設住宅着工戸数

⇦R1・R2・R3・R4

　令和6年1月31日に公表された令和5年の**新設住宅着工戸数**は，持家，貸家および分譲住宅が減少したため，81万9,623戸（前年比4.6％減）と3年ぶりの減少となった。

POINT
令和5年の住宅着工戸数は，持家，貸家および分譲住宅が減少したため，全体で減少となった

利用関係別の着工戸数の推移

（単位：戸，カッコ内は対前年比％）

	令和元年	令和2年	令和3年	令和4年	令和5年
総戸数	905,123 （△4.0）	815,340 （△9.9）	856,484 （＋5.0）	859,529 （＋0.4）	819,623 （△4.6）
持家	288,738 （＋1.9）	261,088 （△9.6）	285,575 （＋9.4）	253,287 （△11.3）	224,352 （△11.4）
貸家	342,289 （△13.7）	306,753 （△10.4）	321,376 （＋4.8）	345,080 （＋7.4）	343,894 （△0.3）
分譲住宅	267,696 （＋4.9）	240,268 （△10.2）	243,944 （＋1.5）	255,487 （＋4.7）	246,299 （△3.6）
給与住宅	6,400 （△14.3）	7,231 （＋13.0）	5,589 （△22.7）	5,675 （＋1.5）	5,078 （△10.5）

資料：国土交通省「建築着工統計調査報告（令和5年計）」

（○）

　利用関係別では，持家が前年比11.4%減（2年連続の減少）の22万4,352戸，貸家が0.3%減（3年ぶりの減少）の34万3,894戸，分譲住宅が3.6%減（3年ぶりの減少）の24万6,299戸である。また，新設住宅着工床面積は，64,178千㎡（前年比7.0%減）と2年連続の減少となった。

❷建築物の着工床面積 ───────────────── ⊕R5

　全建築物の着工床面積は11,121万㎡（前年比6.9%減，2年連続の減少）。このうち，公共の建築主は463万㎡（前年比10.2%増，7年ぶりの増加），民間の建築主は10,658万㎡（前年比7.5%減，2年連続の減少）。

　民間建築主の建築物のうち，**居住用**は6,712万㎡（前年比6.3%減，2年連続の減少），**非居住用**は3,946万㎡（前年比9.6%減，2年連続の減少）。**民間非居住建築物**は，前年と比較すると事務所は増加したが，店舗，工場および倉庫が減少したため，全体で減少となった（令和6年1月31日公表，国土交通省総合政策局建設経済統計調査室）。

着工建築物使途別床面積の推移（民間建築主）

（単位：千㎡，%）

	令和元年	令和2年	令和3年	令和4年	令和5年
非居住計	43,581 （△7.5）	39,688 （△8.9）	43,874 （10.5）	43,652 （△0.5）	39,463 （△9.6）
事務所	5,299 （△3.5）	5,185 （△2.2）	7,087 （36.7）	5,143 （△27.4）	5,168 （0.5）
店舗	4,350 （△18.1）	3,888 （△10.6）	4,262 （9.6）	4,147 （△2.7）	3,893 （△6.1）
工場	8,607 （△12.9）	5,727 （△33.5）	6,752 （17.9）	8,602 （27.4）	7,163 （△16.7）
倉庫	8,956 （△6.3）	11,348 （26.7）	13,025 （14.8）	13,191 （1.3）	5,168 （△6.1）

資料：国土交通省「建築着工統計調査報告（令和5年計）」

3　売買による土地取引件数の推移

⟲R1・R2・R3・R4

令和4年の**土地取引件数**（売買による土地の所有権移転登記の件数）は約130万件であり，ほぼ横ばいで推移している。

売買による土地取引件数の推移

（単位：件，カッコ内は対前年比％）

	平成30年	令和元年	令和2年	令和3年	令和4年
全 国 計	1,307,100 （△0.8）	1,310,388 （+0.3）	1,275,193 （△2.7）	1,333,844 （+4.6）	1,304,776 （△2.2）
東 京 圏	375,449 （△1.3）	374,021 （△0.4）	361,937 （△3.2）	377,146 （+4.2）	368,147 （△2.4）
大 阪 圏	153,782 （△1.2）	157,356 （+2.3）	149,634 （△4.9）	157,039 （+4.9）	160,498 （+2.2）
名古屋圏	85,768 （+1.6）	85,966 （+0.2）	85,412 （△0.6）	87,232 （+2.1）	86,454 （△0.9）
地 方 圏	692,101 （△0.6）	693,045 （+0.1）	678,210 （△2.1）	712,427 （+5.0）	689,677 （△3.2）

資料：法務省「登記統計（令和5年）」
地域区分　東京圏：埼玉県，千葉県，東京都，神奈川県
　　　　　大阪圏：大阪府，京都府，兵庫県
　　　　　名古屋圏：愛知県，三重県
　　　　　地方圏：その他の地域

4　不動産業の動向

⟲H31・R1・R2・
R3・R5

❶不動産業の財務指標 ―――――――――

不動産業は，全産業の売上高の約3.4％を占める重要な産業の一つである。業者の大半は個人事業的体質の業者で，一般的に，①自己資本比率が低い，②中小零細企業が多い，参入が容易などの特徴がある。

① 令和4年度における全産業の売上高は前年度に比べ9.0％増加したのに対して，不動産業は4.8％減少した。

② 令和4年度における全産業の経常利益は前年度に比べ13.5％増加したのに対して，不動産業は2.0％減少した。

③ 令和4年度の不動産業の売上高経常利益率は12.8％で，前年度（12.5％）に比べて0.3％増加した（令和5年9月

□**Challenge**

法人企業統計年報（財務省）によれば，令和4年度における不動産業の経常利益は5兆939億円で，対前年度比で12.8％の増加となっている。

（○）

1日，財務省財務総合政策研究所調査統計部）。

不動産業の売上高・経常利益の推移

（単位：億円，カッコ内は対前年度比％）

	平成29年度	平成30年度	令和元年度	令和２年度	令和３年度	令和４年度
売 上 高	434,335 （+1.0）	465,363 （+7.1）	453,835 （△2.5）	443,182 （△2.3）	485,822 （+9.6）	462,682 （△4.8）
営 業 利 益	57,122 （+15.2）	51,563 （△9.7）	42,621 （△17.3）	45,058 （+5.7）	53,686 （+19.1）	46,592 （△13.2）
売 上 高 営業利益率	13.2% （全産業4.4）	11.1% （全産業4.4）	9.4% （全産業3.7）	10.2% （全産業3.1）	11.1% （全産業3.7）	10.1% （全産業4.0）
経 常 利 益	60,700 （+13.8）	51,607 （△15.0）	46,117 （△10.6）	53,542 （+16.1）	60,580 （+13.1）	59,392 （△2.0）
売 上 高 経常利益率	14.0% （全産業5.4）	11.1% （全産業5.5）	10.2% （全産業4.8）	12.1% （全産業4.6）	12.5% （全産業5.8）	12.8% （全産業6.0）

資料：財務省　財務総合研究所「年次別法人企業統計調査（令和４年度）」

❷宅地建物取引業者数等の推移 ─────────────

　令和５年３月末（令和４年度末）現在での宅地建物取引業者数は129,604業者で，前年度と比べて1,007業者（1.3％）増加した。平成18年度から８年連続して減少していたが，その後，平成26年度に９年ぶりの増加に転じ，９年連続の増加となっている。

　宅地建物取引士資格登録者数を見ると，1,154,979人になり，令和３年度末（1,126,595人）から28,384人，2.5％増加した。

　なお，国土交通省および都道府県は，宅地建物取引業法の的確な運用により消費者保護の徹底に努めており，法に違反した

宅地建物取引業者数の推移

区分 年度	大臣免許			知事免許			合　　計		
	法人	個人	計	法人	個人	計	法人	個人	計
平成30	2,566	3	2,569	106,234	15,648	121,882	108,800	15,651	124,451
令和元	2,600	3	2,603	107,837	15,198	123,035	110,437	15,201	125,638
2	2,673	2	2,675	109,804	14,736	124,540	112,477	14,738	127,215
3	2,774	2	2,776	111,764	14,057	125,821	114,538	14,059	128,597
4	2,920	2	2,922	113,310	13,372	126,682	116,230	13,374	129,604

資料：国土交通省「令和４年度　宅地建物取引業法施行状況調査」

業者には，免許取消し，業務停止などの監督処分を行っている。令和4年度の監督処分件数は139件（免許取消し63件，業務停止38件，指示38件）となっている（令和5年10月4日，国土交通省不動産・建設経済局不動産業課）

5 土地利用状況

θ·R3

令和2年における我が国の国土面積は約3,780万 ha であり，このうち森林が約2,503万 ha と最も多く，次いで農地が約437万 ha となっており，これらで全国土面積の約8割を占めている。このほか，住宅地，工業用地等の宅地は約197万 ha，道路は約142万 ha，水面・河川・水路が約135万 ha，原野等が約31万 ha となっている（令和5年版土地白書）。

我が国の国土利用の推移

（単位：万 ha，カッコ内は構成比%）

	昭和50年 (1975)	昭和60年 (1985)	平成7年 (1995)	平成17年 (2005)	平成27年 (2015)	令和元年 (2019)	令和2年 (2020)
宅　地	124 (3.3%)	150 (4.0%)	170 (4.5%)	185 (4.9%)	193 (5.1%)	197 (5.2%)	197 (5.2%)
農　地	557 (14.8%)	538 (14.2%)	504 (13.3%)	470 (12.4%)	450 (11.9%)	440 (11.6%)	437 (11.6%)
森林・原野等	2,591 (68.5%)	2,571 (68.1%)	2,549 (67.4%)	2,546 (67.4%)	2,540 (67.2%)	2,538 (67.1%)	2,534 (67.0%)
水面・河川・水路	128 (3.4%)	130 (3.4%)	132 (3.5%)	134 (3.5%)	134 (3.6%)	135 (3.6%)	135 (3.6%)
道　路	89 (2.4%)	107 (2.8%)	121 (3.2%)	132 (3.5%)	139 (3.7%)	141 (3.7%)	142 (3.7%)
その他	286 (7.6%)	282 (7.5%)	302 (8.0%)	312 (8.3%)	324 (8.6%)	330 (8.7%)	335 (8.9%)
合　計	3,775 (100.0%)	3,778 (100.0%)	3,778 (100.0%)	3,779 (100.0%)	3,780 (100.0%)	3,780 (100.0%)	3,780 (100.0%)

資料：令和5年版土地白書

第 **4** 編

土地・建物の基礎知識

🏛 **傾向と対策**

- この分野では，「土地の形質，地積，地目および種別ならびに建物の形質，構造および種別に関すること」が出題範囲とされている。

  土地・建物の知識については，専門的な知識よりも，ごく一般的な基礎知識を問うものが多く，最近は2問出題されており，この傾向は定着した感がある。

- 出題の具体的な範囲については，大きく2つに分けることができる。第1は土地の形質，特性などで，とくに住宅地の適否を問うものが目立っている。したがって，住宅地としての快適性，利便性などからみた環境の良否および地すべり，洪水などの安全性に着目する必要がある。第2は建物の構造，材料などに関するもので，とくに最近は住宅中心の出題が多くなっている。木造住宅では構造，耐震性，耐火性および屋根材，主要構造材などが重要であり，また，建築基準法上の規制，プレハブ建築についても注意する必要がある。

1 土　地

1 土地の形質

　土地の形質とは，地形および地質などの土地の自然的条件といわれるもので，地質，地盤，形状，地勢，気候，日照，通風，乾湿その他立地上の性質を包含した広い概念である。

❶地質・地盤

　地質とは，地殻の上部を構成している岩石，地層などをいい，地盤とは，地殻の表面で建物および工作物の基礎を置く土地の部分をいう。地盤の支持力，地耐力の強弱は，その土地の利用方法に大きく影響するので，地盤調査は比較的大規模な土地開発には不可欠なものである。また，地盤の強弱は，①硬岩盤，②軟岩盤，③砂利，④砂利と砂との混合物，⑤砂まじりの粘土またはローム，⑥砂または粘土の順となっている。

　地質の良否，地盤の硬軟が土地造成工事費，建築基礎工事費などに影響を与えることはいうまでもない。一般に自然にできた地層は堅いが，埋め立てや盛土の層は軟弱である。また，岩盤，砂利層，砂層，粘土層および赤土層などは堅質の層で，黒土層，泥土層などは軟弱な層である。

❷形状・地勢

　形状（地形）とは，土地の平面的な状態をいい，その形が整形か矩形か，または三角形か不整形かにより効率的利用度に差異を生ずる。一般的には正方形地ないしはバランスのとれた長方形地がもっとも利用効率が高く，三角形地，不整形地は利用効率が低い。

　地勢とは，土地の形勢，土地のありさま，画地の傾斜の度合い，傾斜の方向，勾配の具合い，ながめ，乾湿の度合い，自然的位置等を総称していう。傾斜の度合いは，急傾斜の場合もあ

POINT
地質の良否・地盤の硬軟を見きわめる必要がある

□Challenge
建物の基準の支持力は，粘土地盤よりも砂礫地盤の方が発揮されやすい。

POINT
南面にゆるやかな傾斜をもつ土地は住宅地に適している

（○）

126

れば，緩傾斜の場合もあるが，自然のままで東南に向かっている**ゆるやかな傾斜地**は，住宅地としては適当である。

　傾斜の方向は，日あたりや風あたり，または積雪，霜の状況などを判断する手がかりとなるが，傾斜地は一般に農耕地や丘陵住宅地として利用されている。傾斜面はいずれの場合も**南面がもっとも良地**とされ，次に，**東面，西面，北面**の順となっている。高台は見晴らしがよく，日あたりや排水などもよいが，風あたりが強く，給水の便が悪いという欠点をもっている。

　低湿地は，一般に排水が悪く，湿気が多いうえに日あたりも悪いので，住宅地としては最低である。低湿地で盛土をした土地については，盛土のかたまり具合い，排水の状態などを注意深く調査する必要がある。

❸日照・通風・乾湿

　日照，通風などはいうまでもなく，その周囲の土地の状態によって決まるものである。**南側が低く開けている**土地は，夏は南風が充分に入るから涼しく，冬は日射をたっぷり受けるから暖かい。これに反し，**北側がだらだらと低くなっている**土地は，夏は風通しが悪いので暑く，冬は北風がきびしいために寒い。また，**西側の低く開けた**土地は，西日が強く夏は暑いが，冬は暖かい。

　日照・通風などの状態およびその程度は現地をみて判断することになるが，いずれもその土地の形状，地勢および近隣の状況などの関連において検討すべきものである。また，その土地の利用状況（用途）も考慮に入れる必要がある。

　住宅地の場合は，これらのすべてが土地の良否を判断する要素となるが，**商業地**の場合は，必ずしもそうでないことに注意すべきである。たとえば，生鮮食料品を取り扱う店舗においては，日あたりがよいと鮮度が低下するおそれがある。なお，これらの条件が悪い場合には，人為的に改善克服できるか，できるとすればその見通しはどうかについても調べておくことが大

□**Challenge**
地すべりは，特定の地質や地質構造を有する地域に集中して分布する傾向が強く，地すべり地形と呼ばれる特有の地形を形成することが多い。

POINT
土地や建物の価格に影響を及ぼすので，不動産鑑定評価基準では，土地に関する個別的要因の一因子となっている

（○）

切である。

2 土地の安全性

R1・R2・R3・
R4・R5

POINT
住宅地では土地の安全性がもっとも重要である

　土地を利用する場合には，**土地の安全度，危険度**を考えなければならない。この問題は，いろいろな条件を総合的に判断して決めることになるが，次に一応の目安となることを述べておくことにする。

❶国土の現状

　国土交通白書では，国土の現状について多方面にわたり分析しているが，主要なものを掲げれば，次のとおりである。

① 　我が国は，その位置，地形，地質，気象などの自然的条件から，地震，火山噴火，台風，豪雨，豪雪等による災害や渇水が発生しやすい国土となっている。

② 　細長い国土の中央部には急峻な脊梁（せきりょう）山脈が縦断し，隣接地域の連携を阻むとともに，河川は急勾配となり，洪水時は極端に大きな流量が一気に盆地や平野部を流れ下り，水害や土砂災害が発生しやすい。

　なお，当該土地の現状を知るためには，2万5,000分の1の地形図を活用すると便利である。地形図には等高線が表示されており，等高線の間隔が密なところは傾斜が急であり，まばらなところは傾斜が緩やかである。また，地すべり地については，上部は急斜面，中部は緩やかな斜面，下部には末端部に相当する急斜面があり，等高線が乱れていることが多い。したがって，この地図により，当該土地の地形が安全か危険かをある程度推測することができる。

　たとえば，等高線の密度が高い所は傾斜が急である。山地から平野部の出口であり勾配が急に緩やかになる扇状地では，等高線が同心円状になるのが特徴的である。また，山頂から見て等高線が張り出している部分は尾根で，等高

□Challenge
地形図で見ると，急傾斜地では等高線の間隔は密になっているのに対し，傾斜が緩やかな土地では等高線の間隔は疎となっている。

（○）

線が山頂に向かって高い方に弧を描いている部分は谷であ
る。等高線の間隔の大きい河口付近では，河川の氾濫によ
り河川より離れた場所でも浸水する可能性が高くなる。
③　我が国の都市では，河川が地盤高よりも遥かに高いとこ
ろを流れており，さらに地盤沈下が発生しやすく，その結
果として下流にはゼロメートル地帯が広がり，洪水のみな
らず高潮による被害の危険性も高い。
④　我が国は，アジア・モンスーン地域に位置し，台風の常
襲地帯であり，降水量が多いうえ梅雨期や台風シーズンに
降雨が集中するため，洪水や土砂災害が非常に起こりやす
く，また，降雨を水資源として安定的に利用しにくい国土
構造となっている。
　　また，国土面積が全世界の陸地面積の約0.3％である に
もかかわらず，阪神・淡路大震災，東日本大震災などが発
生している地震国であり，また，世界の活火山の約10％が
存在する有数の火山国でもある。
⑤　都市化の進展に伴い，人口・資産が高密度に集中してい
る。たとえば，国土面積の約25％の都市計画区域に総人口
の約90％が居住しており，また，国土面積の約10％の沖
積平野の想定氾濫区域内に総人口の約2分の1，総資産の
約4分の3が集中しているなど，ひとたび災害が発生した
場合の被害は大きいものとなる。

❷山　麓　部

　一般に，**傾斜が25°～30°以上**の斜面に，あまり近接して宅地
を求めることは危険である。やむを得ず求める場合には，背後
の土質，岩質などが堅質であるか軟質であるかを十分に調べる
ことが大切である。
　土地の有効利用の観点から，今後とも山麓部の土地開発が続
くものと考えられるが，一般に**傾斜15°程度**の地形で，谷筋か
ら離れており，かつ，土石流や崩壊土砂の堆積した所でない場

合には，一応安全と考えてよいであろう。しかし，この場合で
も擁壁の設置や排水設備を完備する必要があることはいうまで
もない。

❸丘 陵 地

　丘陵地，台地，段丘は，日照・通風や水はけも良く，かつ，
地耐力があり，洪水や地震に対する安全度も高いので，一般的
に宅地としては好条件といえる。これらの地形のところで宅地
を選ぶ場合には，当該画地が①**台地の縁辺部**にあるかどうか
（集中豪雨の場合にがけくずれが発生する危険性がある），②**台
地上が浅い広い谷**となっていないかどうか（集中豪雨の場合に
は水びたしになるおそれがある），③**造成地の場合**には，宅地
造成等規制法の技術的基準にしたがって造成されているかどう
か（擁壁や排水施設が十分でない場合には危険である），④**盛
土の場合**は，沈下の危険性がないかどうか（普通の沈下度合い
は竣工後6か月位は著しい。また，盛土部と切土部にまたがっ
た土地は不同沈下（ふどうちんか）が起こりやすい）などを現地において確認す
る必要がある。

❹低 地 部

　低地部は，一般に洪水や地震に対して弱く，かつ，日照，通
風，乾湿などの面も悪いので，宅地としては好ましくない。し
たがって，当該画地を含む近隣の地勢が低地となっている場合
には，上記の事項を十分に調査検討するほか，いわゆる**ゼロメー
トル地帯**（平均海面以下の土地）においては，洪水や内水氾濫，
排水不良，水質汚濁などの災害が起こりやすいので注意しなけ
ればならない。

　低地部でも谷の出口などに扇状にひろがる**扇状地**（せんじょうち）（ただし，
土砂災害に対しては注意が必要である）や，低地の川沿いに，
洪水による堆積土砂などでつくられた**自然堤防**などは砂礫質で
微高地となっているところが多く，宅地として利用することが
できる。

□**Challenge**
なだらかな丘陵地
は，水はけもよく，
地盤も安定してお
り，洪水や地震等の
自然災害に対しても
安全度が高い。

(○)

　しかし，低地の中でも旧河道，自然堤防に囲まれた後背低地などは，洪水にも地震にも弱く，宅地としては好ましくない。

　また，当該画地のみが低地である場合には，隣接地との接面に擁壁を必要とするかどうか，盛土をして近隣と同じ地盤高とするかどうかについて調査検討する必要がある。さらに当該画地の一部分のみが低地である場合には，盛土を必要とするかどうか，盛土と切土とが必要かどうかについても調べる必要がある。

❺埋立地・干拓地

POINT
埋立地や干拓地は，一般に住宅地としては好ましくない

　海岸や湖岸を堤防で囲い，中の水を排除して，土砂で埋め立てて造成した土地や，池や沼を埋め立てた土地は，地盤が軟弱で雨水などがとどこおりがちで，かつ，地震などの被害を受けやすいので，一般に住宅地としては好ましくない。

　海岸の埋立地は，海面以下あるいは海面すれすれの低い土地が多く，高潮や津波の危険性があるので，工場などとして利用することはよいとしても，住宅地としてはできるだけ避けたほうがよい。また，池沼などの埋立地は，工事がしっかりしていれば宅地として利用することも可能であるが，洪水のときは流路となりやすく，また，長雨などのときは水たまりができやすいので注意しなければならない。

　干拓地とは，遠浅の海や推進の浅い湖沼の水を干上がらせるなどして造成した土地のことで，一般に海面より低くなることが多く，地盤が軟弱で排水も悪いため，宅地としては好ましくない。また，地震のときには液状化を起こしやすい。

3 立地条件

　立地条件とは，土地の占める位置の**自然的条件および人文的条件**の良し悪しをいう。すなわち土地を，居住，商業活動，工業生産等の目的で利用する場合には，この2つの条件をみなが

ら用途的機能を十分に発揮させるような場所的価値を有するかどうかを判断する必要がある。この場合の**一般的な事項**としては，①地勢，地質，地盤，地形等の状態，②街路や鉄道施設の整備の状態，③公共空地の状態，④上下水道，電気ガス等の供給または処理施設の有無と引込みまたは利用の難易，⑤変電所，汚水処理場等の危険施設または嫌悪施設の有無，⑥煙霧，騒音，悪臭，地盤沈下，洪水，地すべり等の公害または災害の発生の程度等をあげることができる。

❶住 宅 地

　住宅地の場所的価値は，「住い」としての**快適性**と**利便性**が中心となって決まるものであるから，住宅地域内の土地については，前記の一般的な事項のほか，①居住者の職域，階層等の社会環境の良否，②街路の幅員，構造等の状態，③都心との距離および交通施設の状態，④商店街の配置の状態，⑤学校，公園，病院等の配置の状態，⑥各画地の面積，配置および利用の状態，⑦眺望，景観等の自然的環境の良否などを調査する必要がある。

　また，住宅地に隣接して学校が立っている場合には，子供達の通学には便利であるが，騒音などのため居住の快適性を害されるおそれがある。都市の中心部に近いといっても，隣接に待合，キャバレー，酒場などの風俗営業や劇場等の興業施設などがある場合には，風紀上問題があり，しかも，騒音，混雑などのため住宅地としては適当でない。

　なお，北傾斜の土地，低湿地，山麓部や台地の縁辺部にある土地なども，住宅地としては適当でない。

❷商 業 地

　商業地は，住宅地や公共用地などと異なり，そこで営まれる営業によって**企業利潤**をあげることを第一目標とする土地利用であるから，商業地域内の土地については，前記の一般的な事項のほか，①後背地および顧客の質と量，②顧客の交通手段の

> **POINT**
> 快適性と利便性が住宅地の決め手となる

> **POINT**
> 企業利潤を重視した土地利用である

状態，③営業の種別および競争の状態，④当該地域の経営者の創意と資力，⑤繁華性の程度および盛衰の状況などを調査する必要がある。

　なお，最近は各種の小売店が一カ所に集まって共同ないし集団で大規模な営業をしようとする傾向があり，また，駅ビルの建設や百貨店の進出も著しいので，商業地域の中心が移動することがあるから注意しなければならない。

❸工 業 地

　工業地は，工業生産を目的とする土地利用であるから，一般的にその**生産費が低廉**であることが要請される。したがって，工業敷地はできるだけ低廉で，しかも工業立地条件の良好な土地を選定する必要がある。すなわち，工業地域内の土地については，①製品販売市場および原材料仕入市場との関係位置，②幹線道路，港湾，鉄道等の輸送施設の整備状況，③動力資源に関する動向，④工業用水の質と量，⑤労働人口に関する動向，⑥関連産業との関係位置などを調査する必要がある。

　なお，工業地も一般的には平坦な土地を選定するが，製造品目の工程いかんによっては，かえって傾斜地の方が便利な場合もある。たとえば，鉱山の精錬所などはその例である。要は製造品目の工程からみて，どのような地勢が適しているかを判断する必要がある。

4 土地に関する出題

　近年，出題された土地に関する主なものを掲げれば次のとおりである。

❶丘陵地等

①　扇状地（谷の出口等に扇状に広がる微高地）は，**砂礫質**

れき
で微高地となっている所が多く，宅地として利用できるが，最も適当であるとはいえない。

（○）

② 段丘は，水はけが良く，地盤が安定していることが多い。 (○)

③ 台地の縁辺部は，集中豪雨の際，がけ崩れによる被害を
受けることが多い。 (○)

④ 扇状地については，大縮尺の地形図や空中写真によって，
土石流や洪水流の危険度をある程度判定できることが多
い。 (○)

⑤ 崖錐（がいすい）堆積物は，一般的に透水性が低く，基盤との境付近
が水の通り道となって，そこをすべる面とした地すべりが
生じやすい。 (×)

　（注）崖錐とは，がけや急傾斜地が，岩石の風化によって崩壊
したそのがけ等の直下に形成される円すい状の地形をい
い，崖錐堆積物とは，崖錐を形成する堆積物をいう。また，
崖錐堆積物は，角張った岩石や粗い土砂により形成されて
いるため，一般的に透水性が高いといわれている。

⑥ 丘陵地や台地内の小さな谷間は，軟弱地盤であることが
多く，これを埋土して造成された宅地では，地盤沈下や排
水不良を生ずることが多い。 (○)

⑦ 丘陵地帯で地下水位が深く，砂質上で形成された地盤で
は，地震の際に液状化する可能性が高い。 (×)

❷切土・盛土

① 地山（じやま）を切土して宅地を造成する場合，風化による強度の
低下と流水による浸蝕（しんしょく）のおそれがあるので，擁壁で覆う
か，または速やかに植生等をして，そのがけ面を保護しな
ければならない。 (○)

② 著しく傾斜している谷に盛土して宅地を造成する場合，
盛土前の地盤と盛土が接する面がすべり面となって崩壊す
るおそれがあるので，原地盤に繁茂している樹木を残した
まま盛土を行って，その安定を図らなければならない。 (×)

③ 造成して平坦にした宅地では，一般に盛土部分に比べて
切土部分で地盤沈下量が大きくなる。 (×)

④　自然斜面は，地層分布，土質等が複雑かつ不均一で地盤の強さが場所により異なることが多いので，特にのり高の大きい切土を行う際は，のり面の安定性の検討をする必要がある。　　　　　　　　　　　　　　　　　　　　　　　　　（○）

❸旧河道・自然堤防

①　旧河道（昔の川の跡）は，洪水に対しても地震に対しても弱い地域であり，宅地としては好ましくない。　　　　　　　（○）

②　旧河道は，地盤が軟弱，低湿で，地震や洪水による被害を受けることが多い。　　　　　　　　　　　　　　　　　　　（○）

③　自然堤防に囲まれた低地は，地盤が安定していることが多い。　　　　　　　　　　　　　　　　　　　　　　　　　　（×）

④　自然堤防は，主に砂や小礫からなり，排水性がよく地盤の支持力もあるため，宅地として良好な土地であることが多い。　　　　　　　　　　　　　　　　　　　　　　　　　（○）

⑤　旧河道は，それを埋める堆積物の上部が厚い粘土質からなるときは，軟弱地盤となって地盤の支持力が小さく，宅地には不適当であることが多い。　　　　　　　　　　　　　　（○）

❹崩壊跡地等

①　産業廃棄物の処分場跡地を宅地に利用する場合は，あらかじめ，長時間かけて，ガス抜き，浸出水の浄化，地盤沈下等の観測等を行わなければならない。　　　　　　　　　（○）

②　崩壊跡地は，微地形的には馬蹄形状の凹地形を示すことが多く，また地下水位が高いため竹などの好湿性の植物が繁茂することが多い。　　　　　　　　　　　　　　　　　（○）

❺その他

①　高含水性の粘性土等が堆積している軟弱地盤は，盛土や建物の荷重によって大きな沈下を生じたり，側方に滑動したりすることがあるので，開発事業に当たっては，十分注意しなければならない。　　　　　　　　　　　　　　　（○）

②　宅地周りの既存の擁壁の上に，ブロックを積み増し，盛

土して造成することにより，宅地面積を広げつつ，安全な
宅地として利用できることが多い。　　　　　　　　　　　　　　　　　（×）

③　宅地の安定に排水処理は重要であり，擁壁の水抜き穴，
盛土のり面の小段の排水溝等による排水処理の行われてい
ない宅地は，不適当であることが多い。　　　　　　　　　　　　　　（○）

④　谷底平野は，周辺が山に囲まれ，小川や水路が多く，ロー
ム，砂礫等が堆積した良質な地盤であり，宅地に適してい
る。　　　　　　　　　　　　　　　　　　　　　　　　　　　　　　（×）

⑤　三角州は，河川の河口付近に見られる軟弱な地盤であり，
地震時の液状化現象の発生に注意が必要である。　　　　　　　　　　（○）

⑥　国土を山地と平地に大別すると，山地の占める比率は，
国土面積の約75％である。　　　　　　　　　　　　　　　　　　　　（○）

⑦　低地は，国土面積の約25％であり，洪水や地震による液
状化などの災害危険度は低い。　　　　　　　　　　　　　　　　　　（×）

⑧　断層は，ある面を境にして地層が上下又は水平方向にく
い違っているものであるが，その周辺では地盤の強度が安
定しているため，断層に沿った崩壊，地すべりが発生する
危険性は低い。　　　　　　　　　　　　　　　　　　　　　　　　（×）

⑨　がけ崩れは，梅雨の時期や台風時の豪雨によって発生す
ることが多く，がけに近接する住宅では日頃から降雨に対
する注意が必要である。　　　　　　　　　　　　　　　　　　　　（○）

⑩　国土交通省が運営するハザードマップポータルサイトで
は，洪水，土砂災害，高潮，津波のリスク情報などを地図
や写真に重ねて表示できる。　　　　　　　　　　　　　　　　　　（○）

⑪　谷底低地に軟弱層が厚く堆積している所では，地震動が
凝縮されて，震動が小さくなる。　　　　　　　　　　　　　　　　（×）

2 建　　物

1　建築物の構造

⊕R2・R4

　建築物を主体構造の材料および構造によって分けると，**木造，各種ブロック造り，鉄骨造り，鉄筋コンクリート造り，鉄骨鉄筋コンクリート造り**の5種類に大別することができる。しかし，これは概括的なもので，各種ブロック造りといっても，床，屋根などを木造あるいは鉄筋コンクリート造りとし，また，鉄筋コンクリート造りといっても，鉄骨の柱を用い，外側に石を張ることなどがあり，いろいろな構造を組み合わせてつくる場合が多い。

❶主要構造部

　建築基準法では，建築物の主要部に対して防火的な制限を加えている場合が多いので，防火的に主要な部分を一括して主要構造部としている。**主要構造部**とは，壁，柱，床，はり，屋根または階段をいい，建築物の構造上重要でない間仕切壁，間柱，付け柱，揚げ床，最下階の床，廻り舞台の床，小ばり，ひさし，局部的な小階段，屋外階段その他これらに類する建築物の部分を除くものと定めている（建築基準法2条5号）。したがって，次に述べる構造耐力的な面からみた主要部とは，必ずしも一致しない。

❷構造耐力上主要な部分

　構造耐力上主要な部分とは，建築物の構造部分のうち，とくに構造耐力上主要な役割をもつ部分をいう。具体的には，基礎，基礎ぐい，壁，柱，小屋組（屋根の骨組），土台，斜材（筋かいその他これに類するものをいう），床版，屋根版または横架材（はり，けたその他これらに類するものをいう）で，建築物の自重もしくは積載荷重，積雪，風圧，土圧，もしくは水圧ま

POINT
建築物は，基礎構造と上部構造で構成される

□**Challenge**
軟弱な地盤の敷地に木造建築物を建設する場合には，布基礎を鉄筋コンクリート造とすることにより，耐震性を向上させることができる。

(〇)

たは地震その他の振動もしくは，衝撃をささえるものを構造耐力主要な部分という（同法施行令1条3号）。

① **基礎**……建築物の基礎は，建築物に作用する荷重および外力を安全に地盤に伝え，かつ，地盤の沈下または変形に対して構造耐力上安全なものでなければならない。また，原則として，建築物には，異なる構造方法による基礎を併用してはならない（同法施行令38条1項，2項）。

　木造建築物の基礎は，**直接基礎**と**杭基礎**に大別される。直接基礎には，1本の柱の下に1個の基礎を設ける**独立基礎**，壁体の下に連続して設ける**布基礎**，建物の底部全体に設ける**ベタ基礎**などがある。

② **土台**……木造建築物の基礎の上に設けられる水平材のことで，最下階の柱の下部には，土台を設けなければならない。ただし，柱を基礎に緊結した場合などはこの限りでない。また，土台は，原則として，一体の鉄筋コンクリート造りまたは無筋コンクリート造りの**布基礎に緊結**しなければならない（同法施行令42条）。

　なお，構造耐力上主要な部分である柱，筋かいおよび土台のうち，地面から1m以内の部分には，有効な**防腐措置**を講ずるとともに，必要に応じ，しろあり等の**虫害を防ぐ**ための措置を講じなければならない（同法施行令49条2項）。

③ **小屋組**……屋根の骨組のことで，木造小屋組には，和風小屋組と洋風小屋組の2つがある。

　和風小屋組は，一般に桁行の軸組に直角にかけ渡した小屋梁の上に，小屋束を立て屋根面を構成するので，大張間の架構には適さない。

　洋風小屋組は，小屋組全体ではりを形成しているので和風小屋組より大張間を架構することができる。また，洋風小屋組は和風小屋組より工事費がやや高くなるが，地震や

（○）

138

風に対しては和風小屋組よりつよい。

④　**はり等の横架材**……はり，けたその他の横架材には，その中央部附近の下側に耐力上支障のある欠込みをしてはならない（同法施行令44条）。

⑤　**筋かい**……壁のように長方形に組まれた軸組（土台から屋根までの間の骨組部分）に斜めに入れる補強材のことで，地震や風圧のような水平力に対して非常に有効である。

　筋かいは，その端部を，柱とはりその他の横架材との仕口（木材と木材をある角度でつなぐ部分）に接近して，ボルト，かすがい，くぎ等の金物で緊結しなければならない。また，筋かいには欠込みをしてはならない（同法施行令45条3項，4項）。

⑥　**継手または仕口**……構造耐力上主要な部分である継手または仕口は，木材の接合方法で，これを完全にすることにより耐風，耐震の強度を増すことになる。継手または仕口の方法として，ボルト締，かすがい打，込み栓打その他の接合方法によりその部分の存在応力を伝えるよう緊結しなければならない（同法施行令47条）。

POINT
建築物に耐震性をもたせるためには，筋かいなどの斜材を多く取り付けたほうがよい

2　各種建築物の構造

⊕R1・R2・R3・R5

❶木　　造

　木造建築の主体をなす**骨組**は，壁体の軸組，屋根の小屋組および床の床組からなっている。**軸組**は通常コンクリートまたは石造の基礎の上に土台と称する水平材を置き，その上に一定間隔に柱を建て，柱の頂部を水平に桁と称する横架材で構成する。柱には，1階から2階まで通して1本の材を用いる通し柱と，1階・2階別に建てる管柱とがある。階数が2階以上の建築物のすみ柱またはこれに準ずる柱は，**通し柱**としなければならない。ただし，接合部を通し柱と同等以上の耐力を有するよう

POINT
耐震性は中であるが，耐火性，耐久性には弱い

に補強した場合には，この限りでない（建築基準法施行令43条
5項）。

　木造建築は，軽量で構造も容易であり，かつ，工費も比較的
安いから，もっとも一般的な建築として広く行われているが，
火災・地震などに対する危険が多く，**腐朽しやすい**のが短所で
ある。また，ひき板等を接着剤で重ね合わせた**集成材**は，伸縮
・変形・割れなどの木材の欠点が除去されるので，大規模な木
造建築物の骨組みにも使用される。

❷各種ブロック造り

　石，れんが，コンクリートブロック等をセメントモルタルま
たはコンクリートを用いて**組積**（石，れんが，ブロックなどで
壁体を積む工法を組積法という）して形成する構造体である。
壁体は，コンクリートまたは鉄筋コンクリートの連続基礎の上
に組積する。床，屋根は既製コンクリート部材で組み立てるこ
ともあるが，鉄筋コンクリート造りとするのが最良である。な
お，木造や鉄骨造りとするものもかなり多い。

　ブロック造りは，個々の単体を組み合わせ積み重ねただけの
構造で，外力に耐えなければならないために，壁の厚み，長さ
がある程度必要となるので，**広い部屋をつくるには不向き**であ
り，開口部を大きくすることにも難がある。しかし，**小規模な
不燃性建物**として都市住宅，寒冷地住宅などに好適である。ま
た，アパート，店舗，工場，倉庫などにも利用されることがあ
る。

　組積造りは，その施工のいかんによっては，**構造上弱体**なも
のとなりやすいので，次のような**制限規定**がある（建築基準法
施行令52条）。

① 　れんがなどの組積材は目地モルタルの強度の低下を防ぐ
　　ため，十分に水洗いを行うこと。

② 　目地全体にモルタルが行きわたること。

③ 　目地モルタルは，セメントと砂の容積比が1対3のもの，

□**Challenge**
集成材は，単板等を
積層したもので，伸
縮・変形・割れなど
が生じにくくなるた
め，大規模な木造建
築物の骨組みにも使
用される。

POINT
**耐火性は強いが，耐
震性をもたせるには
補強が必要である**

（○）

または石灰入りセメントモルタルで，セメントと石灰と砂
の容積比が1対2対5のものを使うこと。

④　いも目地（縦目地が一直線になる）にならないこと。

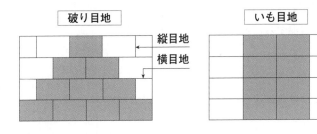

❸鉄骨造り

POINT
耐震性は強いが，耐
火性は中である

　形鋼，板鋼，棒鋼等の構造用鋼材を組み合わせ，ボルト，鋲，
溶接等で接合して骨組を形成する。

　骨組の形式には，ラーメン，トラス，壁式，アーチ式などの
種類がある。

①　ラーメン構造…建物を柱と梁（はり）を組み合わせた直方体で構
　　成する骨組。柱と梁で支える構造のため，居室内に柱や梁
　　が張り出したりする。

②　トラス構造…直線的な材料を用い，三角形を基本単位と
　　する構造の骨組。

③　壁式構造…壁で建物を支える構造。柱や梁がないので，
　　部屋を広く使えるメリットがあるが，リフォームで間仕切
　　りの壁を取り払えないこともある。

④　アーチ式構造…戸口・窓などの開口上部をアーチで支え
　　る建築構造。スポーツ施設や体育館のように，大空間を持
　　つ建築物に使われる。

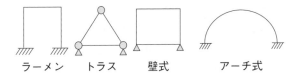

鉄骨造りは，講堂，体育館，工場など張間の長い建築物に多

141

く用いられているが，現在では，住宅，店舗，学校などにも利用されている。しかし，**鋼材は火熱にあうと強度を減少する**ので，**耐火構造とはいえない**し，また，**防錆法を施さないと耐久力にも乏しい**という欠点がある。

　鉄骨造りの構造強度を確保するため，次のような**制限規定**がある。

① 　構造耐力上主要な部分である柱の脚部は，基礎にアンカーボルトで緊結しなければならない（建築基準法施行令66条）。

② 　軸組，床組および小屋ばり組には，構造計算によって構造耐力上安全であることが確かめられた場合を除き，鉄骨もしくは鉄筋の斜材または鉄筋コンクリート造りの壁，屋根版もしくは床版をつりあいよく配置しなければならない（同法施行令69条）。

③ 　鉄材の火熱時の耐力低下を防ぐため，地上階数が三以上の建築物では，1つの柱の火熱で耐力の低下をおこして建築物全体が容易に倒壊するおそれがある場合には，当該柱の構造は，防火被覆など国土交通大臣が定めた構造方法などによらなければならない（同法施行令70条）。

❹**鉄筋コンクリート造り，鉄骨鉄筋コンクリート造り**────

　型わくを造り，その中にコンクリートを流し込むなどの方法で，最下部の基礎から，柱，梁，床，壁，最上部の屋根に至るまで，主体構造の全部を一体として構成する構造法であって，その中に鉄筋を組み入れて補強したものが**鉄筋コンクリート造り**，さらにそれに鉄骨を併用したものが**鉄骨鉄筋コンクリート造り**である。屋根は，鉄筋コンクリートの床版上に軽量コンクリートを打ち，その上に防水法を施して仕上げる。また外壁は，タイル張り，人造石張り，石張りなどがあり，内壁は，コンクリート面に直接漆喰やプラスターを塗ったものがかなり多い。

　この構造は，コンクリートが鉄筋，鉄骨を包みこむ状態にな

□**Challenge**

鉄骨造は，自重が重く，靭性（粘り強さ）が大きいことから大空間を有する建築や高層建築の骨組に適しており，かつ，火熱による耐力の低下が比較的小さいので，鋼材を不燃材料等で被覆しなくても耐火構造とすることができる。

POINT

耐火性，耐震性，耐久性はともに強い

（×）

るので空気にふれることがないため，火に強いうえに錆びることがなく，**耐火性，耐久性**にすぐれた構造である。しかし，自重が大きいことから基礎は他の構造より大きく，丈夫なものが必要となるため，通常大規模な杭打ち基礎が行われる。

① 鉄筋コンクリート造りに使用する**コンクリートの材料**は，次に定めるところによらなければならない（建築基準法施行令第72条）。

(1) 骨材（セメントおよび水と練り混ぜる砂利，砂などコンクリートの骨格になる材料），水および混和剤（防水剤，急結剤など）は，鉄筋を錆びさせたりコンクリートの凝結および硬化を防げるような酸，塩，有機物や泥土などを含まないこと。

(2) 骨材は，コンクリートのまわりをよくするため，鉄筋相互間や鉄筋とせき板との間を容易に通る大きさであること。

(3) 骨材は，適切な粒度および粒形のもので，かつ当該コンクリートに必要な強度，耐久性および耐火性が得られるものであること。

② 鉄筋の末端は，かぎ状に折り曲げて，コンクリートから抜け出ないように定着しなければならない（同法施行令73条）。

③ 鉄筋コンクリート造に使用するコンクリートは，打上りが均質で密実になり，かつ，必要な強度が得られるようにその調合を定めなければならない（同法施行令74条3項）。

④ 構造耐力上主要な部分にかかる型わくおよび支柱は，コンクリートが自重および工事の施工中の荷重によって，著しく変形またはひび割れその他の損傷を受けない強度になるまでは，取りはずしてはならない（同法施行令76条）。

⑤ 構造耐力上主要な部分である柱については，主筋は4本以上とし，帯筋と緊結する。また，主筋の断面積の和は，

建物の構造と特性

特性 ＼ 構造	木　造	各種ブロック造り	鉄骨造り	鉄筋コンクリート造り	鉄骨鉄筋コンクリート造り
耐　火　性	弱	強	中（耐火被覆あれば強）	強	強
耐　震　性	中	中（補強が必要）	強	強	特強
耐　久　性	小（40年程度）	中（60年程度）	中（60年程度）	大（80年程度）	特大（100年程度）

コンクリートの断面積に対して0.8％以上としなければならない。帯筋の径は，6mm以上とし，その間隔は，原則として15cm以下とすることになっている（同法施行令77条）。

⑥　耐力壁と周囲の柱およびはりとの接合部は，その部分の存在応力を伝えることができるものとしなければならない（同法施行令78条の2第1項4号）。

❺プレハブ建築

プレハブ建築とは，建築部材を工場で生産し，建築現場で組み立てる建築方法をいう。建築部材が規格化され，**大量生産**が行われやすいうえに，部材相互の結合法が簡単で，かつ，**工期が短縮**できるという長所がある。しかし，**自由な間取りや仕上げが制限**されるため，需要者の要求どおりの建築ができないという短所がある。

現在では，学校，事務所などのほか一般住宅にも採り入れられており，価格面と意匠などが改善されれば，労働力の節減には役立つので，今後，しだいに普及するものと考えられる。

また，プレハブには，その構成主体の骨組みによって，木質系プレハブ，鉄骨系プレハブ，コンクリート系プレハブの3種類に分かれており，コンクリート系は中高層の建物にも使われている。

❻枠組壁工法

　枠組壁工法（ツーバイフォー工法）は，木造の１種類で，断面２インチ×４インチを基本とした枠組材と構造用合板などを釘打ちで一体化した床パネル，壁パネルを組み立てて建築するものである。すなわち，鉄筋コンクリート造りの基礎の上に床を造り，壁を立て上げ，この一階の壁の上に２階の床パネルを敷き，この床の上に１階と同様に壁を立て上げて，２階の床，壁を構成してゆくもので，２階建ての場合でも通し柱は不要である。

　この工法は，建築現場で床パネル，壁パネルを組み立てるもので，**工期は比較的短い**。また，構造上，大壁構造となるので**防火性能も高い**といわれている。さらに従来の木造建築のように柱で荷重を支えずに，壁全体で荷重を支えるので，**耐震性も高い**。

❼耐震構造・制震構造・免震構造

● 耐震構造

　建物の構造自体を堅固にすることにより強度を高め，地震の揺れに耐えるよう建設する工法である。建物の揺れは，他の構造に比べて大きくなる。

● 制震構造

　地震時に発生する建物の揺れを吸収する装置を設置することにより，地震エネルギーを建物に伝わりにくくして，建物の揺れを軽減する工法である。建物内に配置した制震部材（ダンパー）が地震エネルギーを吸収し，地震の揺れを低減する。耐震構造に比べ，風揺れや地震時の揺れを小さく抑えることができる。

● 免震構造

　地面と建物の間に専用の装置（アイソレータ）を設置することにより，地震エネルギーを吸収して地震の揺れを建物に伝わりにくくする工法である。アイソレータは，建物の重量を支え，

□**Challenge**
枠組壁工法は，主に柱の耐力によって地震などの外力に抵抗する方式であるため耐震性が高い。

□**Challenge**
耐震構造は，建物の柱，はり，耐震壁などで剛性を高め，地震に対して十分耐えられるようにした構造である。

（×）
（○）

水平にやわらかく動き，建物を元の位置に戻す働きもある。耐震・制震構造に比べ，建物の揺れは小さくなる。

3 木造建築物の材料

↩R4

❶屋　根

屋根の骨組は，和小屋と洋小屋とに大別される。屋根ぶき材料には，かわら，スレート，金属板，板，かやなどが用いられるが，和風建物では，日本瓦ぶきがもっとも多く，セメント瓦，亜鉛引鉄板などもある。このほか，農山村部ではまさ板ぶき，わらぶきなどもある。洋風建物では，洋瓦ぶきがもっとも多く，金属板ぶきや，日本瓦ぶき，セメント瓦ぶきなど各種のものがある。

なお，**日本瓦ぶきは耐久性にすぐれ**，施工が容易であるが，夏は熱く冬は冷却されやすく，**重量が大きいので**，柱に加わる力が大きく，とくに**地震には弱い**。これに反し，**草ぶきは燃え**やすく耐久性に乏しいが，夏は涼しく冬は暖かい。また，**亜鉛引鉄板**は，木造住宅その他一般に広く用いられており，**雨仕舞**がよく，耐久性に富んでいるが，**熱遮断性に劣り**，かつ，**錆び**やすいという欠点がある。

❷壁

外壁は，板材を用いた，たて羽目，よこ羽目，押縁下見（おしぶちしたみ）などがあるが，最近は，モルタル塗り，合板張り，金属板張りなどが多い。**内壁**は，木摺（きずり）を施して漆喰塗りとしたものや，ベニヤ板，羽目板を張ったものがある。最近は，**繊維板**，硬質**繊維板**，化粧合板，化粧ボード張りなども利用されている。

壁体の構造には，真壁構造と大壁構造の２つがある。**真壁**は，和風木造の場合，柱が内装の表面に出ており，小舞（こまい）を編んで骨組とし土を塗ったいわゆる小舞壁を用いるのが普通であるが，現在では木摺やプラスターボードを用いるものが多い。内壁と

POINT
POINT

日本瓦ぶきの屋根は，耐久性にすぐれているが，重いという欠点がある

□**Challenge**

軸組に仕上げを施した壁には，真壁と大壁があり，真壁のみで構成する洋風構造と，大壁のみで構成する和風構造があるが，これらを併用する場合はない。

（×）

柱とに間隙が生じやすく，**比較的防寒性**に乏しい。**大壁**は，洋風の場合に用いられるもので，壁が柱をはさんで二重になっており，内壁は漆喰壁，外壁はモルタル塗りが多い。壁が二重になっているため，**延焼防止，遮音効果**などがある。

❸床

　和風の場合には，畳が多く用いられている。廊下その他の板敷床にはひのき，赤松等の縁子板（えんこいた）が使用されている。最近では合成樹脂等の新建材を用いたものも多い。

　洋風の場合には，縁子板張りがもっとも多く板張りの上をさらにフローリング，ブロック張りや寄木張りにしたもの，またはカーペットやじゅうたんなどを敷いたものもある。

　なお，最下階の居室の床が木造である場合には，床の高さは，**地面から45cm以上**とし，かつ，外壁の床下部分には**換気孔**を設けなければならない（建築基準法施行令22条）。

POINT
床仕上げも，天井仕上げと同様に，その良否は建物の価格に影響を及ぼす

4　建物に関する問題

❶建築物の構造

① 基礎の種類には，基礎の底面が建物を支持する地盤に直接接する直接基礎と，建物を支持する地盤が深い場合に使用する杭基礎（杭地業）がある。　　　（○）

② 直接基礎の種類には，形状により，柱の下に設ける独立基礎，壁体等の下に設けるべた基礎，建物の底部全体に設ける布基礎（連続基礎）等がある。　（×）

③ 鉄骨構造の特徴は，自重が重く，耐火被覆しなくても耐火構造にすることができる。　　　（×）

④ 鉄筋コンクリート構造は，耐火，耐久性が大きく骨組形態を自由にできる。　　　（○）

⑤ 鉄骨鉄筋コンクリート構造は，鉄筋コンクリート構造よりさらに優れた強度，じん性があり高層建築物に用いられ

る。　　　　　　　　　　　　　　　　　　　　　　　　　　　　（○）

⑥　建築物の高さが60mを超える場合，必ずその構造方法に
ついて国土交通大臣の認定を受けなければならない。　　　　（○）

⑦　建築物に異なる構造方法による基礎を併用した場合は，
構造計算によって構造耐力上安全であることを確かめなけ
ればならない。　　　　　　　　　　　　　　　　　　　　　（○）

⑧　構造耐力上必要な部分である柱，筋かい及び土台のうち，
地面から１m以内の部分には，しろありその他の虫による
害を防ぐための措置を講ずるとともに，必要に応じて有効
な防腐措置を講じなければならない。　　　　　　　　　　　（×）

⑨　コンクリートは，打上がりが均質で密実になり，かつ，
必要な強度が得られるようにその調合を定めなければなら
ない。　　　　　　　　　　　　　　　　　　　　　　　　　（○）

⑩　筋かいには，欠込みをしてはならない。ただし，筋かい
をたすき掛けにするためにやむを得ない場合において，必
要な補強を行ったときは，この限りではない。　　　　　　　（○）

❷建築物の材料

①　コンクリートは，水，セメント，砂及び砂利を混練した
ものである。　　　　　　　　　　　　　　　　　　　　　　（○）

②　常温において鉄筋と普通コンクリートの熱膨張率は，ほ
ぼ等しい。　　　　　　　　　　　　　　　　　　　　　　　（○）

③　コンクリートの引張強度は，圧縮強度より大きい。　　　（×）

④　木材の強度は，含水率が大きい状態のほうが小さくなる。（○）

⑤　木材の強度は，含水率が大きい状態の方が大きくなるた
め，建築物に使用する際には，その含水率を確認すること
が好ましい。　　　　　　　　　　　　　　　　　　　　　　（×）

⑥　鉄筋コンクリート造に使用される骨材，水および混和材
料は，鉄筋をさびさせ，またはコンクリートの凝結および
硬化を妨げるような酸，塩，有機物又は泥土を含んではな
らない。　　　　　　　　　　　　　　　　　　　　　　　　（○）

⑦　鉄は，炭素含有量が多いほど，引張強さおよび硬さが増大し，伸びが減少するため，鉄骨造には，一般に炭素含有量が少ない鋼が用いられる。　　　　　　　　　　（○）

⑧　モルタルは，一般に水，セメント及び砂利を練り混ぜたものである。　　　　　　　　　　　　　　　　　　（×）

⑨　骨材とは，砂と砂利をいい，砂を細骨材，砂利を粗骨材と呼んでいる。　　　　　　　　　　　　　　　　　　（○）

❸木造建築物

①　木造の外壁のうち，鉄網モルタル塗その他軸組が腐りやすい構造である部分の下地には，防水紙その他これに類するものを使用しなければならない。　　　　　　　　　　（○）

②　構造耐力上主要な部分に使用する木材の品質は，節，腐れ，繊維の傾斜，丸身等による耐力上の欠点がないものでなければならない。　　　　　　　　　　　　　　　　　（○）

③　木造の建築物に，鉄筋の筋かいを使用してはならない。　　（×）

④　集成木材構造は，集成木材で骨組を構成したもので，大規模な建物にも使用されている。　　　　　　　　　　　（○）

❹鉄筋コンクリート造の建築物

①　原則として，鉄筋の末端は，かぎ状に折り曲げて，コンクリートから抜け出ないように定着しなければならない。（○）

②　構造耐力上主要な部分にかかる型わくおよび支柱は，コンクリートが自重及び工事の施行中の荷重によって著しい変形またはひび割れその他の損傷を受けない強度になるまでは，取り外してはならない。　　　　　　　　　　（○）

③　鉄筋コンクリート造においては，骨組の形式はラーメン式の構造が一般に用いられる。　　　　　　　　　　　（○）

索 引

令和6年版 宅地建物取引士 学習テキスト
④税／価格の評定／需給と実務／土地・建物

2024年5月30日　初版第1刷発行

〔検印廃止〕　編　　者　不動産取引実務研究会
　　　　　　　発行者　延　對　寺　哲

発行所　株式会社ビジネス教育出版社
　　　　〒102-0074　東京都千代田区九段南4―7―13
　　　　☎03(3221)5361(代表)　FAX：03(3222)7878
　　　　E-mail info@bks.co.jp https://www.bks.co.jp

落丁・乱丁はお取り替えします。　　　印刷・製本／亜細亜印刷㈱
ISBN978-4-8283-1067-1